D1755574

Katharina Born, Wolfram Schulze
Kinderwunsch bei Menschen mit
geistiger Behinderung
Sozialberatung von Menschen mit geistiger
Behinderung, Angehörigen und Betreuungs-
personal

Kinderwunsch bei Menschen mit geistiger Behinderung

Sozialberatung von Menschen mit geistiger Behinderung, Angehörigen und Betreuungspersonal

Katharina Born, Wolfram Schulze

Jacobs Verlag

Bibliographische Information der Deutschen Nationalbibliothek
Die Deutsche Nationalbibliothek verzeichnet diese Publikation in der Deutschen
Nationalbibliographie; detaillierte Daten sind im Internet über http://dnb.dnb.de.
abrufbar

Copyright 2019 by Jacobs Verlag
Dr. Hans Jacobs, Hellweg 72, 32791 Lage
ISBN 978-3-89918-268-2

Inhaltsverzeichnis

1 Einleitung 7
2 Definition von geistiger Behinderung 10
3 Rechtliche Ausgangslage 14

    3.1 Elternrecht 14
    3.2 Kindeswohl...15
    3.3 Rechte von Menschen mit geistiger Behinderung...................17
    3.4 Sterilisation von Menschen mit einer geistigen Behinderung 20
    3.5 Zusammenfassung..21

4 Geschichtlicher Rückblick 23
5 Relevante Erkenntnisse aus den Bezugswissenschaften der Sozialen Arbeit zur Elternschaft von Menschen mit einer geistigen Behinderung 29

    5.1 Medizinische Aspekte...................................... 29
    5.2 Ethische Aspekte.. 33
    5.3 Psychologische Aspekte.................................. 38

6 Zwischenfazit 41
7 Beratung 45

    7.1 Sozialberatung 47
    7.2 Besonderheiten der Beratung von Menschen mit geistiger Behinderung..61
    7.3 Beratung von Betreuungspersonal und Angehörigen........... 69

8 Bedeutung für die Soziale Arbeit 76
9 Fazit.. 82
Literaturverzeichnis 85

1 Einleitung

„Während sich nicht behinderte Frauen tendenziell dafür rechtfertigen müssen, wenn sie sich kein Kind wünschen, müssen sich geistige behinderte Frauen rechtfertigen, wenn sie sich ein Kind wünschen" (Pixa-Kettner/Bargfrede 2015, S. 75).

Ein Arbeitsplatz der Autorin war ein Wohnheim für Menschen mit Behinderung in Luxemburg. In diesem Haus werden elf Menschen unterschiedlichen Alters mit verschiedenen geistigen und/oder körperlichen Behinderungen betreut. Mit der Thematik des Kinderwunsches bei Menschen mit geistiger Behinderung beschäftigte sich die Sozialarbeiterin schon seit ihrer ersten Ausbildung zur Heilerziehungspflegerin. In vielen verschiedenen Bereichen und Situationen wurde sie mit dieser Thematik konfrontiert. Besonders in ihrem zum Zeitpunkt der Buchentstehung aktuellen Arbeitsbereich kam es zu Gesprächen bezüglich der Thematik. Viele der Wohnheimbewohner und -bewohnerinnen wurden früher von Nonnen betreut und „zwangssterilisiert".

Es gab aber auch zwei ältere Bewohnerinnen, die jeweils zwei Kinder bekommen haben. In einem Wohnheim für junge Menschen mit geistiger Behinderung, in dem die Autorin arbeitete, bekamen die Bewohnerinnen die Pille oder andere Verhütungsmittel. Das wurde mit den Bewohnerinnen kaum besprochen, war eher selbstverständlich.

Die beschriebenen Einzelschicksale können als Spiegelbild für die Situation in der Arbeit mit Menschen mit geistiger Behinderung angesehen werden. Aus den unterschiedlichen Perspektiven – Betroffene, Angehörige, Mitarbeitende und Leitungskräfte in Einrichtungen der Hilfe für Menschen mit Behinderung sowie theoretischer Sicht und in der Diskussion mit Studierenden – beschäftigte sich der Autor mit der Thematik des Buches. Er ist langjährig berufserfahrener Sozialarbeiter, Therapeut, Supervisor und Hochschuldozent für gesundheitsbezogene Soziale Arbeit.

In pädagogischen Teams wird in der Regel nicht gern über dieses Thema gesprochen. Die meisten Mitarbeitenden sind zufrieden, wenn sich immer wieder schnell eine „Lösung" für Kindswunschäußerungen sowie vermeintliche oder tatsächliche Schwangerschaftsrisiken finden. Insgesamt ist festzustellen, dass es bei den beteiligten Personen weitgehend eine große Befangenheit zum Thema „geistige Behinderung und Kinderwunsch" gibt.

Andererseits erzählten den Autoren Sozialarbeitende, dass sie vor der Herausforderung stehen, mehr junge, schwangere Frauen mit geistiger Behinderung zu betreuen, die ansonsten in dieser Situation allein wären. So entstand ein Projekt in der schon erwähnten Einrichtung in Luxemburg, in dem sich um diese Frauen bzw. deren bessere Unterstützung gekümmert wurde. Das Projekt griff vor allem entstehende Fragen während oder nach der Schwangerschaft auf. Hier wurde das Thema sinnvoller Weise enttabuisiert. Für die Frauen entstand eine spezifische Anlaufstelle. Durch dieses Projekt entstand das „Centre Ressources Parentalité" in Luxemburg, welches eine Anlaufstelle für Menschen mit einer geistigen Behinderung, Fachkräfte und Angehörige ist, die von dem Thema betroffen sind.

Dass auch Menschen mit geistiger Behinderung den Wunsch nach einer Beziehung und nach Kindern haben, ist grundsätzlich nicht neu. Jedoch war der Umgang damit neu, scheint doch dies Thema weitgehend mit einem Tabu belegt zu sein. Während das Thema Sexualität und Partnerschaft in den Institutionen der Behindertenhilfe und durch Fachkräfte offener kommuniziert wird, ist das Thema Kinderwunsch, Schwangerschaft und Elternschaft immer noch ein Tabuthema in der Gesellschaft. Hier sind meist schnell persönliche Grenzen, Grenzen der Offenheit und von Wissen oder Grenzen der Kommunikation erreicht. Jedoch zeichnet sich eine Tendenz ab, das Thema offensiver anzugehen. Handlungsbedarfe werden erkannt. Genau hier setzt die vorliegende Veröffentlichung an.

In dem vorliegenden Buch wird detailliert auf den Kinderwunsch von Menschen mit einer geistigen Behinderung und die Grundlagen der Sozialberatung in diesem Zusammenhang eingegangen. Zu Beginn stehen allgemeine und theoretische Grundlagen zur Begrifflichkeit „geistige Behinderung" im Fokus, um im Anschluss daran eine genaue Bestimmung vornehmen zu können. Dies erscheint als sinnvoll, um den Lesenden eine Idee davon zu vermitteln, was „geistige Behinderung" theoretisch meint und praktisch bedeuten kann.

Im darauffolgenden Abschnitt werden die rechtlichen Grundlagen erörtert, hier vor allen Dingen auf die Eltern- und Kinderrechte, wie auch auf die Rechte von Menschen mit einer geistigen Behinderung eingegangen. Eine wichtige Frage, die beantwortet wird, ist folgende: Dürfen Eltern mit einer geistigen Behinderung, die unter einer gesetzlichen Betreuung stehen, überhaupt das Sorgerecht für ihre Kinder ausüben? Des Weiteren wird auf das Kindeswohl eingegangen und dargelegt, wann eine Kindeswohlgefährdung vorliegt. Bei den Rechten von Menschen mit einer geistigen Behinderung erfolgt zusätzlich ein kurzer Einblick in das Sterilisationsgesetz.

Danach wird ein Rückblick in die Historie gegeben, um zum einen ein Verständnis dafür zu bekommen, wie das Thema in der Vergangenheit gehandhabt wurde, und zum anderen, wie es zur heutigen Situation kam.

Im Anschluss daran folgt eine Darlegung relevanter Erkenntnisse aus den Bezugswissenschaften der Sozialen Arbeit zur Elternschaft von Menschen mit einer geistigen Behinderung. Hierbei werden wichtige medizinische, ethische und psychologische Aspekte genannt. Daraufhin schließt sich ein Zwischenfazit an.

Weiter wird das Thema „Beratung" in den Fokus gerückt, wobei explizit die „Sozialberatung" als eine bedeutsame Anlaufstelle im Sinne der Institution als auch spezifische Arbeitsmethode ausgewählt wurde. Dieses Kapitel gliedert sich in zwei Bereiche: Zuerst werden die Grundkenntnisse der Beratung von Menschen mit einer geistigen Behinderung beschrieben, damit in einem weiteren Schritt näher auf die Beratung von Angehörigen und des Betreuungspersonals eingegangen werden kann.

Weiter sind die Unterstützungsmöglichkeiten von Menschen mit einer geistigen Behinderung und ihrem bestehenden Kinderwunsch sowie bei Schwangerschaft und Elternschaft Thema. Dies wird unter dem Punkt der Bedeutung für die Soziale Arbeit ausgeführt. Hierbei wurden bewusst exemplarische Möglichkeiten herausgegriffen.

Das Buch schließt mit einem Fazit, in dem überprüft werden kann, welche Auswirkungen bzw. Anforderungen der Kinderwunsch von Menschen mit einer geistigen Behinderung auf bzw. für die Soziale Arbeit haben und wie involvierte Menschen durch Sozialberatung unterstützt werden können.

2 Definition von geistiger Behinderung

Bis Ende der 1950er Jahre waren die Bezeichnungen für die geistige Behinderung mit negativen Stigmata wie bspw. „Schwachsinn, Blödsinn, Idiotie" sowie „Oligophrenie" betitelt, folglich ist der Begriff der geistigen Behinderung relativ neu (vgl. Schmid 2003, S. 18). Der Begriff „geistige Behinderung" wurde 1958 von der Elternvereinigung „Lebenshilfe" gewählt. Dies erfolgte in Anlehnung an die amerikanischen Bezeichnungen wie mental handicap oder mental retardation (vgl. Schmid 2003, S. 18). Im Jahre 1969 fand der Begriff „geistige Behinderung" Einzug in das deutsche Bundessozialhilfegesetz und hat sich seitdem im pädagogischen und gesellschaftlichen Bereich etabliert.

Wer hierzulande eine Fachdiskussion über geistige Behinderung verfolgt, wird jedoch schnell feststellen, dass der Begriff „geistige Behinderung" heutzutage sehr umstritten ist und dass sich hier unterschiedlichste Positionen gegenüberstehen. Die einen möchten den Begriff vorläufig beibehalten, die anderen ihn ganz abschaffen und wieder andere eine ganz neue Bezeichnung finden (vgl. Theunissen 2008, S. 127). Seit einigen Jahren wurde im Sinne eines humanistischen Menschenbildes, der Mensch in den Vordergrund gestellt und die geistige Behinderung als sekundäres Merkmal festgelegt. So entstanden als erweiterte Begriffe „Menschen mit einer geistigen Behinderung", „Kinder mit einer geistigen Behinderung" oder „Erwachsene mit einer geistigen Behinderung" (vgl. Schmid 2003, S. 18). Jedoch gibt es bis heute keine global akzeptierte Bezeichnung für den betroffenen Personenkreis.

Es stellt sich somit als problematisch dar, eine eindeutige Definition für den Personenkreis „geistig behindert" zu finden. In den verschiedenen wissenschaftlichen Bereichen erfolgen unterschiedliche Definitionen, bei denen jeweils andere Schwerpunkte gesetzt werden. Eine weitere Schwierigkeit ist, dass sich die Betroffenen selbst nicht umfassend darstellen können. Meistens gibt es nur Aussagen über Menschen mit einer geistigen Behinderung und weniger bis gar nicht von ihnen selbst (vgl. Schmid 2003, S. 19). Des Weiteren ergeben sich Problematiken aus der ungenauen Definition von „geistiger Behinderung". Dies ist darin begründet, dass eindeutige Kriterien gewonnen werden müssen, die „einerseits die Zuteilung von Ressourcen legitimieren, andererseits die Lebenslage Behinderung von anderen Lebenslagen abgrenzen" (Metzler 2011, S. 107). Im Gegensatz zu vielen anderen Ländern wird in Deutschland die Art der Behinderung begrifflich unterschieden. Dabei spricht man von „...körperlich, geistig, sprach-, lern- und verhaltensbehinderten Menschen, Blinden/Sehbehinderten, Gehörlosen/Schwerhörigen" (Neuer-Miebach 2013, S. 153). Hierbei werden auch teilweise chronische Erkrankungen als Behinderung gezählt (vgl. Neuer-Miebach 2013, S. 154).

Die Weltgesundheitsorganisation (WHO) klassifizierte Behinderungen sowie chronische Erkrankungen in den 1980er Jahren erstmals nach der ICIDH (International Classification of Impairments, Disabilities and Handicaps) (vgl. Metzler 2011, S. 103). Danach wurde Behinderung in drei Dimensionen aufgeschlüsselt: Impairment (Schädigung), Disability (Funktionseinschränkungen) und Handicap (soziale Beeinträchtigung). Nach einer Weiterentwicklung dieser Klassifikation zum ICIDH-2 wurde sie im Jahr 2001 in der Vollversammlung der WHO als „Internationale Klassifikation der Funktionsfähigkeit, Behinderung und Gesundheit (ICF: International Classification of Functioning, Disability, and Health)" (Metzler 2011, S.104) verabschiedet. Untergliedert wird dabei in vier Bereiche, die eine Behinderung bedingen können (vgl. Imh plus, o. J.). Von einer Schädigung wird gesprochen, wenn Teile der Körperfunktion und Körperstrukturen beeinträchtig sind. Weiterhin gilt als Beeinträchtigung, wenn ein Individuum Schwierigkeiten bei der Durchführung von Aufgaben hat. Hat ein Individuum darüber hinaus Schwierigkeiten, sich in soziale Bezüge zu integrieren, gilt seine Teilhabe als beeinträchtigt. Die Entstehung sowie das Vorhandensein einer Behinderung ist dabei abhängig von der Umwelt des Individuums sowie der wechselseitigen Beeinflussung der Umwelt mit den bereits genannten Faktoren (vgl. Imh plus, o. J., vgl. auch Franke 2017, S.89-98).

Die Definition der WHO findet sich in veränderter Form auch in der Sozialgesetzgebung wieder, die für die vorliegende Ausarbeitung als Basisverständnis dient. Nach § 2 SGB IX gilt ein Individuum als behindert, wenn mit hoher Wahrscheinlichkeit davon auszugehen ist, dass über einen längeren Zeitraum als sechs Monate seine körperliche Funktion, geistige Fähigkeit oder seelische Gesundheit von dem für das Lebensalter typischen Zustand abweicht und infolgedessen seine gesellschaftliche Teilhabe beeinträchtigt ist. Dabei ist es irrelevant, ob die Beeinträchtigungen angeboren sind oder in Folge eines Unfalls oder einer Erkrankung entstanden sind. Unterschieden wird dabei in leichte und schwere Behinderung, wobei nach § 2 Abs. 2 SGB IX Personen als schwerbehindert gelten, wenn der Grad ihrer Behinderung durch die Versorgungsämter mit 50% oder höher eingestuft wird (vgl. BMJV 2017d).

Nach § 47 des Bundessozialhilfegesetz (BSHG) wird „geistige Behinderung" als eine Schwäche der Personen über ihre geistigen Kräfte, welche „die Fähigkeiten zur Eingliederung in die Gesellschaft in erheblichem Umfang beeinträchtigen" definiert (BMJV 2017c).

Nach dem Oligophrenie-Konzept, welches aus einem überholten Psychiatrieverständnis stammt, wird zwischen (1) Debilität als eine der leichtesten Formen der geistigen Behinderung (vergleichbar mit einer Lernbehinderung), (2) der Imbezilität als der mittlere Grad der geistigen Behinderung und (3) der Idiotie, als eine der schwereren Formen der geistigen Behinderung unterschieden (vgl. Theunissen 2008, S. 128).

Des Weiteren wird die bislang am Weitesten rezipierte Vorstellung von geistiger Behinderung beschrieben. Diese Vorstellung der geistigen Behinderung hat eine große Bedeutung in den klinischen Disziplinen und Professionen, die sich auf den ICD- 10 der Weltgesundheitsorganisation berufen (vgl. Theunissen 2008, S. 128). Nach ICD- 10 ist geistige Behinderung unter dem Begriff „Intelligenzminderung" (F70) aufgelistet.

Hierbei wird geistige Behinderung unter psychischen Störungen klassifiziert und in folgende Punkte unterteilt:
- leichte geistige Behinderung (IQ 50- 69)
- mäßige/mittelschwere geistige Behinderung (IQ 35- 49)
- schwere geistige Behinderung (IQ 20- 34)
- schwerste geistige Behinderung (IQ unter 20) (vgl. Theunissen 2008, S. 129).

Die UN-Behindertenrechtskonvention (UN-BRK) hat sich zum Ziel gemacht, die Rechte und Freiheiten von Menschen mit Behinderung zu fördern, zu schützen und zu gewährleisten (vgl. Bundesministerium für Arbeit und Soziales 2011). Nach Artikel 1 der Konvention wird von Behinderung gesprochen, wenn ein Individuum langfristige körperliche, seelische, geistige Beeinträchtigungen oder Sinnesbeeinträchtigungen hat, welche eine vollständige gesellschaftliche Teilhabe verhindern (können) (vgl. Bundesministerium für Arbeit und Soziales 2011).

Die verschiedenen bislang vorgestellten Bestimmungen machen deutlich, dass der Begriff der Behinderung keiner allgemein gültigen Definition entspricht, sondern „[...] auf sozial, kulturell und gesellschaftlich höchst unterschiedliche Situationen und Lebenslagen angewandt [wird] und [...] zudem einem kontinuierlichen historischen Wandel" (Metzler 2011, S. 101) unterliegt.

Zum weiteren Verständnis von Behinderung sei auf die vier von Hensle und Vernooij ausgeführten Paradigmen verwiesen:
a) Das individual-theoretische Paradigma, auch personenorientiertes Paradigma genannt, verweist auf den medizinischen Sachverhalt ei-

ner Behinderung und versteht Behinderung als medizinische Kategorie.
b) Das interaktionstheoretische Paradigma, auch interaktionistische Paradigma genannt, verweist auf den Umstand, dass Behinderung durch die Zuschreibungen von sozialen Erwartungshaltungen erfolgt, und versteht Behinderung als Etikettierung.
c) Das systemtheoretische Paradigma verweist darauf, dass Behinderung ein Systemerzeugnis der Leistungsdifferenzierung ist, und versteht Behinderung als Systemfolge.
d) Das gesellschaftstheoretische Paradigma, auch politökonomische Paradigma genannt, verweist darauf, dass Behinderung gesellschaftlich gemacht ist (z. B. per gesetzlicher Definition festgelegt), und versteht damit Behinderung als Gesellschaftsprodukt der beiden Arten einer geistigen Behinderung eingegangen. (Hensle/ Vernooi 2002, S.18)

3 Rechtliche Ausgangslage

Wenn es darum geht, dass Menschen mit einer geistigen Behinderung ein Kind bekommen oder den Wunsch nach einem Kind äußern, können mehrere rechtliche Fragen von Bedeutung sein. Vor allem geht es hier darum, welchen rechtlichen Unterschied es macht, ob jemand eine geistige Behinderung hat oder nicht, und welche die Rechte eines Menschen mit geistiger Behinderung sind, wenn eine gesetzliche Betreuung vorliegt. In Deutschland ist jeder mit Vollendung der Geburt rechtsfähig und somit Träger von Rechten und Pflichten. Diese Rechtsfähigkeit ist unabhängig von körperlicher und geistiger Verfassung sowie des Geschlechtes (vgl. BMJV 2017e/ §1BGB).

Im folgenden Abschnitt wird zunächst auf das Elternrecht im Allgemeinen eingegangen, im Anschluss daran verdeutlicht, wann eine Kindeswohlgefährdung vorliegt. Ergänzend stehen die Rechte von Menschen mit geistiger Behinderung im Zusammenhang mit dem Recht auf gelebte Elternschaft im Mittepunkt der Betrachtung. Abschließend wird auf das Sterilisationsgesetz und dessen Neuregelungen eingegangen. In diesem Abschnitt geht es vor allem darum zu klären, ob es für Menschen mit einer geistigen Behinderung aus rechtlicher Sicht andere Voraussetzungen für eine gelebte Elternschaft gibt, als für Menschen ohne eine Behinderung.

3.1 Elternrecht

Eltern obliegt die elterliche Sorge für ihre Kinder. Nach dem 6. Artikel des Grundgesetzes (GG) ist die Pflege und Erziehung der Kinder das natürliche Recht der Eltern sowie zugleich ihre Pflicht (vgl. BMJV 2017, S. 18). Gemäß § 1626 Abs. 1 BGB haben Eltern die Pflicht und das Recht, für das minderjährige Kind zu sorgen. Die elterliche Sorge umfasst die Personen- und die Vermögenssorge (vgl. BMJV 2017, S. 18). Die elterliche Sorge, auch „Sorgerecht" genannt, steht immer den leiblichen Eltern eines neugeborenen Kindes zu. Jedoch nur, wenn diese miteinander verheiratet sind (vgl. Vlasak 2015, S. 102). Wenn die Eltern nicht verheiratet sind, steht die elterliche Sorge der Mutter zu. Der Vater kann jedoch mit Zustimmung der Mutter nach §1592 BGB die Vaterschaft anerkennen lassen und somit ebenfalls die elterliche Sorge übernehmen (vgl. BMJV 2017e).

Nach § 1626 Abs. 2 BGB sind die wachsenden Fähigkeiten sowie auch das wachsende Bedürfnis des Kindes zu selbständigem, verantwortungsbewusstem Handeln in der Ausübung des Sorgerechts zu berücksichtigen (vgl. BMJV 2017e).
Gemäß § 1627 S. 1 BGB haben die Eltern die elterliche Sorge in eigener Verantwortung und in gegenseitigem Einvernehmen zum Wohl des Kindes auszuüben. Nach § 1629 Art. 1 BGB umfasst die elterliche Sorge die Vertretung des Kindes. Die Eltern vertreten das Kind gemeinschaftlich. Die Eltern eines Kindes haben nach § 1631 Abs. 1. BGB die „Pflicht" zur Fürsorge, Pflege und Erziehung und darüber hinaus die Aufsichtspflicht (§ 1631 BGB) und Haftpflicht (§823 BGB) (vgl. Vlasak 2015, S. 102). Des Weiteren haben Eltern die gesetzliche Vertretung des Kindes (§ 1629 BGB) und die Vermögenssorge, welche die Vertretung des Kindes in finanziellen Angelegenheiten betrifft (vgl. Vlasak 2015, S. 102/ BMJV 2017e).

3.2 Kindeswohl

Dem Elternrecht steht immer das Kindeswohl gegenüber. Eng damit verbunden sind die Rechte der Kinder. Im Folgenden wird speziell auf das Kindeswohl und die Kindeswohlgefährdung eingegangen. Das Kindeswohl ist einer der zentralen Begriffe im Rahmen des Familienrechts im BGB und wird unter dem Titel „Elterliche Sorge" aufgeführt. Eine genaue Definition für den Begriff Kindeswohl ist nicht vorhanden, obwohl dieser Begriff als „Orientierungs- und Entscheidungsmaßstab familiengerichtlichen bzw. kindschaftsrechtlichen Handelns genutzt wird" (Kinderschutz- Zentrum Berlin 2009, S. 20). Er soll als „Instrument und Kriterium der Auslegung von z. B. Kindesinteressen dienen", zugleich „fehlt es ihm selbst an schlüssiger Auslegung" (Dettenborn 2007 zit. n. Kinderschutz- Zentrum Berlin 2009, S. 20). Jedoch erfüllt der Begriff Kindeswohl trotz seiner Unbestimmtheit zwei wichtige Aufgaben: zum einen dient er als Legitimationsgrundlage für staatliche Eingriffe und zum anderen dient er als Maßstab in gerichtlichen Verfahren, an dem sich die gerichtliche Maßnahme und deren Notwendigkeit festmachen lässt (vgl. Schone 2008 zit. n. Kinderschutz- Zentrum Berlin 2009, S. 20). Das Wohl des Kindes ist ein hypothetisches Konstrukt, welches sich empirisch nicht herleiten lässt. Denn das Wohl des Kindes ist nicht allgemeingültig bestimmbar und hängt vom kulturell, historisch sowie zeitlich und ethnisch geprägten Menschenbild ab (vgl. Kinderschutz- Zentrum Berlin 2009, S. 21).

Der Begriff des Kindeswohls ist somit ein „normativer Begriff, der es ermöglicht, die konkrete Situation eines Kindes danach zu bewerten, ob sie seinem Wohl entspricht oder nicht" (Kinderschutz- Zentrum Berlin 2009, S. 22). Obwohl der Begriff Kindeswohl nur schwer bis gar nicht zu definieren ist, sollte er jedoch immer die Punkte beinhalten, welche Kinder zum gesunden heranwachsen benötigen. Kinder benötigen für eine gute und gesunde Entwicklung, also für ihre körperliche, psychische, emotionale und soziale Entwicklung, beständige und liebevolle Beziehungen zu erwachsenen Betreuungspersonen. Zusätzlich benötigen sie die Sicherheit für körperliche Unversehrtheit und haben das Bedürfnis nach individuellen Erfahrungen. Für die kindliche Entwicklung ist es ebenfalls wichtig, dass die Kinder entwicklungsgerechte Erfahrungen machen können, sie aber auch Grenzen und Struktur kennenlernen. Ebenso ist es für das kindliche Wohl von großer Bedeutung, dass das Kind eine sichere Zukunft hat (vgl. Kinderschutz- Zentrum Berlin 2009, S. 23-24). Zusätzlich werden im achten Sozialgesetzbuch die Kinderrechte zur Gewährleistung des Kindeswohls festgehalten. So steht in § 1 SGB VIII, dass Kinder ein Recht auf Förderung ihrer Entwicklung und Erziehung haben (vgl. BMFSFJ 2014, S. 78). Zusätzlich gibt es seit dem 20.11.1989 die UN- Kinderrechtskonvention der Vereinten Nationen, welche am 05.04.1992 in Deutschland in Kraft getreten ist. In dieser sind weitere Rechte der Kinder festgehalten. Darin steht unter anderem, dass kein Kind aufgrund der Behinderung seiner Eltern diskriminiert werden darf (Art 2 Abs. 1 UN- KRK), dass jedes Kind das Recht auf Leben und eine bestmögliche Entwicklung hat (Art. 6 UN- KRK). Allerdings ist zusätzlich aufgeführt, dass kein Kind gegen den Willen seiner Eltern von ihnen getrennt werden darf, es sei denn diese Trennung dient dem Wohl des Kindes (Art. 9 Abs. 1 UN- KRK). Weiter hat jedes Kind ein Recht auf eine persönliche Beziehung zu seinen Eltern, es sei denn, es widerspricht dem Wohl des Kindes (vgl. Vlasak 2015, S. 125/ BMJV 2017b).

Das Wohl von Kindern kann in vielerlei Hinsicht gefährdet sein, denn Kinder leben in einer bestimmten Umwelt, in einer bestimmten Gesellschaft und in ihren Familien. Auf all diesen drei Ebenen gibt es spezifische Gefahren, welchen Kinder ausgesetzt sein können. Im gegebenen Zusammenhang geht es um die Gefährdung von Kindern in Familien und im familiären Umfeld und darum, welche Sachverhalte dem Gericht erlauben einzugreifen (vgl. Kinderschutz- Zentrum Berlin 2009, S. 28).

Gemäß „§ 1666 Abs. 1 BGB wird das körperliche, geistige oder seelische Wohl des Kindes oder sein Vermögen durch missbräuchliche Ausübung der elterlichen Sorge, durch Vernachlässigung des Kindes, durch unverschuldetes Versagen der Eltern oder durch das Verhalten eines Drittens gefährdet, so hat das Familiengericht, wenn die Eltern nicht gewillt oder nicht in der Lage sind, die Gefahr abzuwenden, die zur Abwendung der Gefahr erforderlichen Maßnahmen zu treffen" (BMJV 2017e).

Das Gesetz sieht somit vier Sachverhalte vor, die das Kindeswohl verletzen und ein per Gerichtsurteil begründetes Eingreifen in das elterliche Sorgerecht gewähren:
- Missbrauch des Sorgerechtes durch die Eltern (z. B. Misshandlung oder Missbrauch)
- Die Vernachlässigung des Kindes (z. B. Verwahrlosung, mangelnde Ernährung, nicht nachkommen der Schulpflicht)
- Ein Versagen der Eltern durch unverschuldetes Verhalten (z. B. Kindeswohlgefährdung durch eine psychische Erkrankung)
- Durch das Verhalten einer dritten Person (Unfähigkeit, das Kind vor einem Dritten zu schützen, der das Kindeswohl verletzt) (vgl. Vlasak 2015, S. 103).

3.3 Rechte von Menschen mit geistiger Behinderung

Nach Art. 3 Abs. 3. des Grundgesetzes für die Bundesrepublik Deutschland darf niemand aufgrund seiner Behinderung benachteiligt werden. Dies bedeutet vereinfacht dargestellt, dass Menschen mit einer geistigen Behinderung das gleiche Anrecht auf Kinder haben, wie Menschen ohne eine Behinderung. Nun stellt sich jedoch die Frage nach der Rechtslage, wenn ein Mensch mit geistiger Behinderung für seine eigenen Angelegenheiten eine rechtliche Betreuung benötigt (vgl. BMJV 2017b).

Im Jahre 1992 ist das neue Betreuungsgesetz in Kraft getreten und hat somit die alte Variante der Vormundschaft und der Pflegschaft von Volljährigen abgelöst. Das Betreuungsrecht dient dem Schutz und der Unterstützung von Menschen mit einer geistigen Behinderung, welche ihre Angelegenheiten ganz oder teilweise nicht selbständig regeln können (vgl. BMJV 2017, S. 7). Die rechtliche Betreuung muss vom Gericht angeordnet werden und ist in den §§ 1869 bis 1908 des Bürgerlichen Gesetzbuches geregelt. Nach § 1896 Abs. 1 BGB muss eine psychische Erkrankung oder eine körperliche, geistige oder seelische Behinderung eines Menschen vorliegen, damit eine rechtliche Betreuung bestellt werden kann (vgl. BMJV 2017, S. 10). Die Betreuung darf nur angeordnet werden, wenn sie erforderlich ist (§ 1869 Abs. 2) und beschränkt sich immer auf den notwendigen und angeordneten Bereich (vgl. BMJV 2017, S. 11). Hierbei ist zu beachten, dass sich die rechtliche Betreuung nur auf die Menschen bezieht, für die sie angeordnet wurde. Dies bedeutet, wenn jemand ein Kind hat und rechtlich betreut wird, betrifft diese rechtliche Betreuung nicht das Kind. Der rechtliche Betreuer ist somit keinesfalls gleichzeitig der Vormund für das Kind (vgl. Vlasak 2015, S. 94). Gemäß § 1897 Abs.1

BGB muss eine gesetzliche Betreuung den Menschen mit geistiger Behinderung persönlich betreuen und muss die zu betreuende Person „persönlich" kennen (vgl. Vlasak 2015, S.95/ BMJV 2017, S. 12).

Dies ist von großer Bedeutung, denn Entscheidungen dürfen nicht ohne die Zustimmung des Betreuten getroffen werden. Die Wünsche, Vorstellungen und Bedürfnisse des zu Betreuenden sind ernst zu nehmen und zu berücksichtigen (vgl. BMJV 2017, S.12). Sollte die selbstbestimmte Lebensführung des zu Betreuenden der des gesetzlichen Betreuers widersprechen, muss sie ihm nach §1901 Abs. 3 BGB gewährleistet werden (vgl. Vlasak 2015, S. 95). Gemäß § 1801 Abs 2. BGB muss dem Betreuten die Möglichkeit gegeben werden, im Rahmen seiner Fähigkeiten und Fertigkeiten ein selbstbestimmtes Leben zu leben und es nach seinen eigenen Wünschen und Vorstellungen führen zu können (vgl. BMJV 2017b). Dieses Prinzip tritt jedoch dann außer Kraft, wenn die Entscheidung des zu Betreuenden gegen sein Wohl oder geltende Gesetze verstößt (vgl. Vlasak 2015, S. 95f). Dies gilt wiederum nicht, wenn die Handlung aufgrund der vorliegenden Behinderung erfolgt. Dies ist jedoch immer schwierig einzuschätzen, denn wenn ein Mensch aufgrund seiner Behinderung die Folgen von falscher Ernährung bei Diabetes nicht einschätzen kann, muss der Betreuer, wenn er für den Bereich Gesundheitsfürsorge bestellt wurde, alle erforderlichen Maßnahmen treffen, um dem zu Betreuenden eine angemessene Ernährung nahe zu bringen und zu gewährleisten (vgl. Vlasak 2015, S.96).

Die Ausübung der elterlichen Sorge für die Kinder eines unter Betreuung stehenden Menschen mit einer geistigen Behinderung darf nicht automatisch auf die betreuende Person übertragen werden (vgl. Neuhäuser/ Steinhausen 2003, S. 361). Sollte jedoch die zu betreuende Person ihr Kind vernachlässigen, so muss die gesetzliche Betreuung dies beim Jugendamt melden, auch wenn sie gegen den Wunsch der Mutter respektiv des Vaters handelt. Das Kindeswohl hat immer Priorität gegenüber dem Willen der Eltern (vgl. Vlasak 2015, S. 97). Das Gesetz sieht keine Einschränkung bei Menschen mit einer geistigen Behinderung in Bezug auf die Betreuung ihrer eigenen Kinder vor. So kann bspw. ein Mensch mit einer geistigen Behinderung, auch wenn für ihn eine gesetzliche Betreuung im Bereich Aufenthaltsbestimmung bestellt wurde, das uneingeschränkte Aufenthaltsbestimmungsrecht für sein Kind haben (vgl. Vlasak 2015, S. 106). Das Gesetz sieht keine Einschränkungen für Menschen mit einer geistigen Behinderung und deren elterlichen Sorgerechts vor, wenn diese einer gerichtlich bestellten Betreuung unterliegen. Ein Eingreifen ins Sorgerecht ist allein bei Kindeswohlgefährdung erlaubt und möglich (vgl. Vlasak 2015, S. 106). Ziel der gesetzlichen Betreuung ist, die Situation des zu Betreuenden zu verbessern und zugleich so wenig wie nur möglich in seine Rechte einzugreifen. Nur bei einer vorliegenden natürlichen Geschäftsunfähigkeit des Betreuten nach § 104 Nr.2 BGB ruht dessen elterliche Sorge gemäß § 1673 BGB (vgl. Neuhäuser/Steinhausen 2003, S. 361). Ist der andere Elternteil jedoch geschäftsfähig, so muss er die elterliche Sorge ausüben (§ 1678 Abs. 1 BGB). Wenn keiner der beiden Eltern die elterliche Sorge ausüben darf, bekommt das Kind nach § 1773 Abs.1 BGB einen Vormund gestellt (vgl. BMJV 2017e).

Der Eingriff in die elterliche Sorge ist also nur möglich und erlaubt, wenn eine Kindeswohlgefährdung vorliegt. Das Wohl des Kindes ist entscheidend. Weder eine geistige Behinderung noch das Vorhandensein einer gesetzlichen Betreuung als solches ermöglichen für sich das Eingreifen in das Sorgerecht. (vgl. Vlasak 2015, S. 107).

„Das Bundesverfassungsgericht hat bereits im Jahre 1982 festgestellt, dass das Vorliegen einer geistigen Behinderung und die damit verbundene eingeschränkte Fähigkeit, den Haushalt selbständig zu versorgen und „andere familiäre Obliegenheiten" ohne fremde Hilfe wahrzunehmen und vorausschauend zu planen, für sich genommen noch kein Grund sei, die elterliche Sorge gemäß §§ 1666, 1666a BGB zu entziehen" (BVerfG Beschluss v. 17.02.1982, 1 BvR 188/80 (BVerfGE 60, 79-95) zit. n. Dahm/Kestel 2012, S. 8).

Es muss hier immer wieder im Einzelfall geprüft werden, ob eine Kindeswohlgefährdung vorliegt oder nicht. Eine Besonderheit gilt es noch für den gesetzten Zusammenhang zu erwähnen. Gemäß § 1666 BGB kann die elterliche Sorge entzogen werden, wenn das körperliche, seelische oder geistige Wohl des Kindes oder sein Vermögen durch eine fehlende Erziehungseignung der Eltern gefährdet wird (vgl. BMJV 2017e). Ist dies der Fall, muss die Kindeswohlgefährdung durch das Familiengericht nachgewiesen werden.

Sollte die elterliche Sorge ruhen, haben die Eltern jedoch trotzdem ein Umgangsrecht nach § 1684 Abs.1 BGB. Dieses Umgangsrecht ist ein Individualrecht der Eltern, welches dazu dient, dass die Eltern trotzdem an der Entwicklung ihres Kindes teilhaben und somit eine Bindung zu ihm aufbauen können. Durch das Familiengericht wird entschieden, ob und wie hoch der Umfang des Umgangsrechtes ist. Orientiert werden soll sich bei der Ausgestaltung des Umgangsrechts immer am Wohl des Kindes (§ 1684 Abs. Und 3 BGB) (vgl. BMJV 2017e).

Des Weiteren werden die Rechte von Menschen mit einer geistigen Behinderung durch das Übereinkommen der Vereinten Nationen unterstützt. Seit dem 26. März 2009 ist die Behindertenrechtskonvention in Deutschland ein geltendes Gesetz (vgl. Arnade 2010, S. 9). Auch bevor die Behindertenrechtskonvention in Kraft getreten ist, hatten Menschen mit einer geistigen Behinderung das Recht auf sexuelle Selbstbestimmung und Familiengründung. Durch die Behindertenrechtskonvention wird das Recht von Menschen mit Behinderung zusätzlich gestärkt. Es kann somit möglicherweise besser, schneller in die Tat umgesetzt werden (vgl. Arnade 2010, S. 10). Der Artikel 23 der Behindertenrechtskonvention „Achtung der Wohnung und der Familie" beschreibt hier:

„[…] das Recht von Menschen mit Behinderungen auf freie und verantwortungsbewusste Entscheidung über die Anzahl ihrer Kinder und die Geburtenabstände sowie auf Zugang zu altersgemäßer Information sowie Aufklärung über Fortpflanzung und Familienplanung anerkannt wird und ihnen die notwendigen Mittel zur Ausübung dieser Rechte zur Verfügung gestellt werden [sowie dass] Menschen mit Behinderungen, einschließlich Kindern, gleichberechtigt mit anderen ihre Fruchtbarkeit behalten" (Beauftragte der Bundesregierung für die Belange von Menschen mit Behinderung 2017, S. 19-20).

Zudem ist in Artikel 23 Abs. 2 festgehalten, dass die Vertragsstaaten sich dazu verpflichten, Menschen mit einer geistigen Behinderung zu gewährleisten, dass sie ihre elterliche Verantwortung in angemessener Weise wahrnehmen können. Weiter müssen sie sicherstellen, dass ein Kind nicht gegen den Willen seiner Eltern von diesen getrennt wird, es sei denn, dass die zuständige Behörde nach § 1666 BGB eine Kindeswohlgefährdung festgestellt hat und somit eine richterliche Entscheidung vorliegt.

Betont wird noch einmal: „In keinem Fall darf das Kind aufgrund einer Behinderung entweder des Kindes oder eines oder beider Elternteile von den Eltern getrennt werden" (Beauftragte der Bundesregierung für die Belange von Menschen mit Behinderung 2017, S. 20).

3.4 Sterilisation von Menschen mit einer geistigen Behinderung

Zu den Rechten von Menschen mit einer geistigen Behinderung gehören natürlich auch das Recht auf freie Entfaltung und damit verbunden das Recht auf partnerschaftliches Zusammenleben. Auch die Möglichkeit eigene Kinder zu haben, wird durch das Gesetz Menschen mit einer Behinderung nicht vorenthalten (vgl. Neuhäuser/ Steinhausen 2003, S. 369). Hierbei handelt es sich, wie bereits erwähnt, um ein elementares Menschenrecht unabhängig davon, ob eine Behinderung festgestellt wurde oder nicht. Die gesetzliche Betreuung darf nur dann eingreifen, wenn es sich um eine Schutzmaßnahme bezüglich Eigengefährdung gegenüber des zu Betreuenden handeln würde. Betreffs des Zusammenhangs von Menschen mit geistiger Behinderung und deren Partnerschaft sowie Sexualität, stellt sich die Frage der angemessenen Verhütung von Schwangerschaft. Hierbei gibt es verschiedene Möglichkeiten und rechtliche Voraussetzungen, was juristisch erlaubt und nicht erlaubt ist.

In der Vergangenheit gab es viele Zwangssterilisationen (genaueres in Kapitel 4). Jedoch ist eine Sterilisation grundlegend ohne Einwilligung der betreffenden Person verboten. Vom Gesetzgeber wurden spezifische, neue Voraussetzungen formuliert. Grundsätzlich sind Zwangssterilisationen verboten. In eine Sterilisation kann gemäß § 1905 BGB nur von den gesetzlichen Betreuern eingewilligt werden, wenn diese dem Willen der betreuten Person nicht widerspricht (vgl. Neuhäuser/ Steinhausen 2003, S. 371). Die Einwilligung des Betreuers in eine Sterilisation des zu Betreuenden ist in §1905 BGB gesondert geregelt, da diese nur unter wesentlich strengeren Voraussetzungen erfolgen darf, als die von § 1904 BGB erfassten ärztlichen Maßnahmen (vgl. Neuhäuser/Steinhausen 2003, S. 71/vgl. BMJV 2017e).

Gemäß § 1905 Abs 1 BGB „Besteht der ärztliche Eingriff in einer Sterilisation des Betreuten, in die dieser nicht einwilligen kann, so kann der Betreuer nur einwilligen, wenn
- die Sterilisation dem Willen des Betreuten nicht widerspricht,
- der Betreute auf Dauer einwilligungsunfähig bleiben wird,
- anzunehmen ist, dass es ohne die Sterilisation zu einer Schwangerschaft kommen würde,
- infolge dieser Schwangerschaft eine Gefahr für das Leben oder die Gefahr einer schwerwiegenden Beeinträchtigung des körperlichen oder seelischen Gesundheitszustands der Schwangeren zu erwarten wäre, die nicht auf zumutbare Weise abgewendet werden könnte, und
- die Schwangerschaft nicht durch andere zumutbare Mittel verhindert werden kann.

Als schwerwiegende Gefahr für den seelischen Gesundheitszustand der Schwangeren gilt auch die Gefahr eines schweren und nachhaltigen Leides, das ihr drohen würde, weil betreuungsgerichtliche Maßnahmen, die mit ihrer Trennung vom Kind verbunden wären (§§ 1666, 1666a), gegen sie ergriffen werden müssten. (BMJV 2017e).

Des Weiteren gilt nach § 1905 Abs 2 BGB, dass die Einwilligung in eine Sterilisation eine Genehmigung des Betreuungsgerichtes benötigt und dass die Sterilisation erst zwei Wochen nach der Genehmigung durchgeführt werden darf (vgl. BMJV 2017e).

3.5 Zusammenfassung

Im vorangegangenen Kapitel wurden die Rechte von Menschen mit einer geistigen Behinderung im Zusammenhang mit einer Elternschaft bearbeitet sowie die Rechte der Kinder erläutert. Festzuhalten ist, dass Eltern mit einer geistigen Behinderung dieselben Rechte aber auch Pflichten haben, wie Eltern ohne eine Behinderung (Art. 6 Abs. 2 S. 1 GG). Dem Elternrecht gegenüber steht immer das Kindeswohl und das Recht der Kinder. Nur wenn eine Kindeswohlgefährdung vorliegt, kann den Eltern die elterliche Sorge entzogen werden. Vor allem, wenn die Eltern nicht in der Lage sind, die Gefährdung gegenüber dem Kind abzuwenden. Dies ist aber nicht nur im Zusammenhang mit Eltern mit einer geistigen Behinderung zu sehen, sondern betrifft alle Eltern.

Jedoch kann an dieser Stelle zusätzlich festgehalten werden, dass in einem Bremer Forschungsprojekt[1] durch Ursula Pixa-Kettner im Jahr 1993-1995 festgestellt wurde, dass ca. 21, 6 Prozent der Kinder mit einem Elternteil mit einer geistigen Behinderung sich in einer Fremdunterbringung befanden. In internationalen Studien ist zu sehen, dass die Fremdunterbringung von Kindern mit mindestens einem Elternteil mit einer geistigen Behinderung sehr hoch ist und dies in vielen Fällen mit einer Kindeswohlgefährdung begründet wurde (vgl. Kindler 2006, S. 3). „Im Verhältnis zu ihrem Anteil in der Bevölkerung sind Familien, in denen mindestens ein Elternteil bedeutsam intellektuelle Einschränkungen aufweist, auf allen Ebenen der Bearbeitung von Gefährdungsfällen (z. B. Gefährdungsmeldungen, Sorgerechtsentzüge) um ein Mehrfaches überrepräsentiert" (Kindler 2006, S. 3).

Von Bedeutung ist hier, dass nicht festzustellen ist, ob diese Überrepräsentation wirklich aufgrund einer Kindeswohlgefährdung entstanden ist oder durch die Diskriminierung in Form fehlgeleiteter Gefährdungseinschätzungen entstand (vgl. Kindler 2006, S. 3). Vielmehr sind Menschen mit geistiger Behinderung in Bezug auf die Ausübung der elterlichen Sorge ohne Kindeswohlgefährdung als vulnerable Personengruppe zu betrachten. Sie hat das gleiche Recht auf Unterstützung und Hilfe insbesondere durch die im SGB VIII aufgeführten Leistungen bei der Ausübung ihrer elterlichen Sorge, wie es anderen Personengruppen zusteht.

Im Zuge der ausgeführten Erkenntnisse wird eine differenziertere und die Rechte von Menschen mit Behinderung stärker achtende Betrachtung gefordert.

---

1 Das Forschungsprojekt mit dem Titel „Geistig behinderte Menschen mit Kindern-Lebenssituation und Lebensperspektive von Eltern und Kindern" wurde durch die Universität Bremen und unter der Leitung von Ursula Pixa-Kettner durchgeführt. Die Erforschung der Situation von geistig behinderten Müttern und Vätern, ihren Kindern, Angehörigen und Fachkräften waren Gegenstand des Forschungsprojektes (vgl. Pixa-Kettner 1996, S. 1).

4 Geschichtlicher Rückblick

Bezüglich der geschichtlichen Entwicklung sei im folgenden Abschnitt auf die Zeit kurz vor bzw. ab dem Nationalsozialismus eingegangen. Bis vor ca. 45 Jahren, bis in die 1970er Jahre hinein, waren Menschen mit einer geistigen Behinderung in der Gesellschaft der BRD kaum bis gar nicht präsent. Das lag zu meist daran, dass das Leben von Menschen mit einer Behinderung lange fremdbestimmt und fremdversorgt stattfand. Nicht selten lebten die Menschen mit Behinderung in Anstalten und/oder Großeinrichtungen am Rande von Wohnsiedlungen (vgl. Specht 2010, S. 3). Für sie „zuständig" waren meist allein medizinisches und Pflegepersonal, das die Grundversorgung derjenigen, die dort lebten, gewährleistete. Mehr im Sinn von z. B. Förderung fand i.d.R. nicht statt. Die heute mit dem Bundesteilhabegesetz wesentlich gestärkte Selbstbestimmung war zu diesem Zeitpunkt nicht bis kaum gegeben. Die Bewohner dieser Einrichtungen lebten ausgegrenzt vom Rest der Gesellschaft und in den meisten Fällen unter inhumanen Lebensbedingungen (vgl. Specht 2010, S.3). Das Leben eines Menschen mit einer Behinderung und vor allem mit einer geistigen Behinderung galt in der Vergangenheit als „minderwertig" oder gar als „lebensunwert'. Im Jahre 1920 trat das „Krüppelfürsorgegesetz" in Kraft. In § 9 war definiert: „Eine Verkrüppelung im Sinne dieses Gesetzes liegt vor, wenn eine Person (Krüppel) infolge eines angeborenen oder erworbenen Knochen-, Gelenk-, Muskel- oder Nervenleidens oder Fehlens eines wichtigen Gliedes oder von Teilen eines solchen in dem Gebrauch ihres Rumpfes oder ihrer Gliedmaßen nicht nur vorübergehend derart behindert ist, dass ihre Erwerbsfähigkeit auf dem allgemeinen Arbeitsmarkte voraussichtlich wesentlich beeinträchtigt wird" (Mürner/Sierck 2012, S. 38). Durch dieses Gesetz wurden die Land- und Stadtkreise dazu verpflichtet, die „Verkrüppelungen" zu verbessern oder eine Verschlimmerung zu bekämpfen. Das bedeutet, dass Hebammen, Ärzte, Pflegepersonal und Lehrer gegenüber dem Kreisarzt eine Meldepflicht hatten, wenn ein Mensch mit Behinderung geboren wurde. Ebenso waren Medizin und Orthopädie die Leitdisziplinen. „Krüppel" galten als Kranke und hatten durch das Gesetzt einen Anspruch auf Behandlung und Betreuung (vgl. Mürner/ Sierck 2012, S. 39). „Es wird gesagt, dass das „Krüppelfürsorgegesetz" die weltweit erste gesetzesmäßige Vorkehrung und Verpflichtung zu medizinischer, schulischer und beruflicher Rehabilitation von behinderten Kindern, Jugendlichen und Erwachsenen

sei" (Mürner/Sierck 2012, S. 39). Nach der Machtübernahme der Nationalsozialisten in Deutschland im Jahr 1933 wurde als erste gesetzliche Maßnahme noch im selben Jahr das „Gesetz zur Verhütung erbkranken Nachwuchses (GzVeN) durch das nationalsozialistische Regime verabschiedet. Durch dieses Gesetz sollten alle Menschen sterilisiert werden, bei denen zu erwarten war, dass ihre Nachkommen an „schwereren körperlichen oder geistigen Erbschäden leiden werden" (Mürner/Sierck 2012, S. 49). Die Entscheidung, wer zu dem Personenkreis zählte, war in besonderem Maß politisch-ideologisch determiniert. Gemäß des § 1 galten diejenigen als „erbkrank", die „an einer der folgenden Krankheiten litten:
- angeborener Schwachsinn,
- Schizophrenie,
- zirkulärem (manisch-depressivem) Irresein,
- erblicher Fallsucht,
- erblicher Veitstanz (Huntingtonsche Chorea),
- erblicher Blindheit,
- erblicher Taubheit und
- schwerer erblicher Missbildung.

Ferner kann unfruchtbar gemacht werden, wer an schwerem Alkoholkonsum leidet" (Reichsgesetzblatt, Teil I, ausgegeben zu Berlin, den 25. Juli 1933, Nr. 86, S. 529, zit. n. Mürner/Sierck 2012, S. 50). Auf der Grundlage dieses Gesetzes wurden seit dem Inkrafttreten im Jahr 1934 ca. 400.000 Menschen sterilisiert und unfruchtbar gemacht.

Im Nationalsozialismus sollten Menschen mit einer geistigen Behinderung ausgerottet werden. So wurden ca. 100.000 Menschen mit einer Behinderung ermordet und ca. 350.000 Menschen zwangssterilisiert, damit sie sich nicht fortpflanzen konnten (vgl. Arnade 2010, S. 9). Am 1. September 1939 wurde die geheime Ermächtigung von Hitler in Kraft gesetzt, in der steht, dass „unheilbar Kranken bei kritischer Beurteilung ihres Krankheitszustandes der Gnadentod gewährt werden kann" (Mürner/ Sierck 2012, S. 54). Woraufhin in den sechs verschiedenen Tötungsanstalten, nach eigener Angabe in den Jahren 1940-1941, 70.273 Menschen die als „lebensunwert" galten getötet wurden. Sie wurden durch Gas oder durch Medikamente getötet (vgl. Mürner/ Sierck 2012, S. 55). Vertiefende Einblicke dazu gewährt zum Beispiel die Publikation von Vanja et al zum Thema „Wissen und Irren – Psychiatriegeschichte aus zwei Jahrhunderten – Eberbach und Eichberg" (Vanja, Christina; Haas, Steffen; Deutschle, Gabriela; Eirund, Wolfgang; Sandner, Peter 1999).

Nach dem Jahre 1945 wurde sich nicht mehr gewagt, das Leben von einem Menschen mit Behinderung anzuzweifeln. Sie wurden durch eine umfassende Sozialgesetzgebung geschützt und bekamen alten Rechte neu zugesprochen. Jedoch blieb eine Sichtweise von Menschen mit einer

Behinderung unter primär medizinischem und defizitorientiertem Blickwinkel, wie oben bereits beschrieben. Die Menschen mit Behinderung waren weiterhin etwas Fremdes und galten allgemein als minderwertig (vgl. Arnade 2010, S. 9). Sie wurden nicht mehr umgebracht, erlitten aber eine (über)fürsorgliche Entmündigung.

Während des Wirtschaftswunders kam es Ende der 1950er Jahre zur Gründung von Elternvereinigungen, die die Umorientierung zur Fürsorge vorantrieben und begleiteten. Im Jahre 1958 versammelte sich in Marburg ein kleiner Kreis von Eltern und Fachleuten. Nach einem kurzen Gedankenaustausch gründeten sie die „Lebenshilfe für das geistig behinderte Kind". Die geplante Hilfeleistung sollte nicht nur für Kinder sein, sondern für alle Menschen mit einer geistigen Behinderung, jedoch entschied man sich bewusst, aus psychologischen Gründen dafür den Ausdruck „Hilfe für Kinder" mit in den Vereinsnamen aufzunehmen (vgl. Mürner/Sierck 2012, S. 67). Am Ende der 1950er Jahre wurden vermehrt ähnliche Elternvereinigungen gegründet. Der Aufschwung der Wirtschaft ließ es zu, dass gravierende Defizite im Gesundheits- und Sozialwesen bekämpft werden konnten. Daraufhin wurde aus der „Rente" die „Rehabilitation". Es erfolgten Gründungen von Werkstätten für Menschen mit einer Behinderung. Alle Elternvereinigungen hatten als Ziel, dass sie besondere Institutionen gründeten und aufbauten, in denen das bestimmte Klientel „heil" aufwachsen und arbeiten konnte (vgl. Mürner/Sierck 2012, S. 67). Der Lebensweg von Menschen mit Behinderung stand immer im Fokus der Fürsorglichkeit. So gingen die Menschen mit Behinderung in gesonderte Schulen und danach in „beschützende" Werkstätten und wohnten in Heimen oder Anstalten (vgl. Mürner/Sierck 2012, S. 68). Es wurde ein Weg der fürsorglichen Aussonderung beschritten. Zu diesem Zeitpunkt war es üblich, dass Mädchen/ junge Frauen mit einer geistigen Behinderung, gegen ihren Willen zwangssterilisiert wurden. Im Jahr 1984 kam dies an die Öffentlichkeit und wurde vehement von den Elternvereinigungen verteidigt, woraufhin es zu einer Debatte innerhalb Deutschlands kam. Erst als das neue Betreuungsgesetz 1992 verabschiedet wurde (vgl. BMJV 2017f, S. 7), kam es zu einem Umdenken in den Organisationen. Als im Jahr 1992 ein Protest gegen den Bioethiker Peter Singer stattfand, welcher ein Befürworter für die Tötung von schwer behinderten Neugeborenen ist, kam heraus, dass die Gründungsväter der Lebenshilfe, Herr Villinger und Herr Stutte, Täter im Nationalsozialismus waren. Unter Chefarzt Werner Villinger wurden ca. 1000 Zwangssterilisationen durchgeführt. Trotz zahlreicher Hinweise hat es insgesamt fast 40 Jahre gedauert, dass sich die Lebenshilfe von diesen beiden Männern trennte (vgl. Mürner/Sierck 2012, S. 68-69).

Mitte der 1960er Jahre gab es die erste öffentliche Formulierung bzgl. des Normalisierungsprinzips. Das Ziel des Normalisierungsprinzips war es, den Menschen mit einer geistigen Behinderung ein so normales Leben wie möglich zu gestatten. Dies war vor allem auf die soziale Separation von Menschen mit geistiger Behinderung bezogen. Man setzte sich dafür ein, dass sie ein Recht zugesprochen bekommen, welches ihnen ermöglicht, das Leben im Bereich der Freizeit, des Wohnens und der Arbeit für sich selbst zu gestalten, wie Menschen ohne Behinderung es auch gestalten würden bzw. dürfen. (vgl. Mürner/Sierck 2012, S. 69). Am Ende der 1960er Jahre hatte sich der Begriff „Behinderte" in der Gesetzes- und Amtssprache durchgesetzt (vgl. Arnade 2010, S. 9)

Wie bereits oben erwähnt, wurden Menschen mit einer geistigen Behinderung lange Zeit als „große Kinder" angesehen. Sie galten als Menschen, für die Sexualität und Partnerschaft sowie ein Kinderwunsch kein Thema zu sein schien bzw. aus verschiedensten Gründen nicht zu sein hatte. Eine aus heutiger Sicht abwertende Auffassung gab es noch 1977. Da erschien das Buch von Kluge und Sparty, mit dem Titel: „Sollen, können, dürfen Behinderte heiraten?" Erst in den letzten 30 Jahren setzte sich so langsam in den Fachkreisen die Auffassung durch, dass Menschen mit einer geistigen Behinderung dieselben Grundrechte haben wie Menschen ohne eine Behinderung. Zu diesen Grundrechten gehört die freie Entfaltung ihrer Persönlichkeit und dazu selbstverständlich das Ausleben ihrer individuellen Sexualität (vgl. Pixa-Kettner 1996, S. 2). Erst seit Mitte der 1980er Jahre wird die Frage nach Elternschaft von Menschen mit geistiger Behinderung thematisiert. Zusätzlich wurde die Diskussion durch das 1992 in Kraft getretene neue Betreuungsgesetz angefacht. In diesem wird die Zwangssterilisation verboten bzw. die Sterilisation von Menschen mit geistiger Behinderung eindeutig, streng gesetzlich geregelt (vgl. Pixa-Kettner 1996, S. 2). Wie bereits beschrieben, geht aus diesem Gesetz hervor, dass die Sterilisation von Minderjährigen illegal ist, auch wenn sie bis dahin sehr oft praktiziert wurde. Zudem darf eine Sterilisation nicht gegen den ausdrücklichen Willen erfolgen. Sollte eine Sterilisation mit der Einwilligung eines geistig behinderten Menschen geschehen, muss dies vorher durch das Betreuungsgericht genehmigt werden (vgl. Pixa-Kettner 1996, S. 2).

Natürlich gab es den Kinderwunsch von Menschen mit geistiger Behinderung auch schon vor den 1980er Jahren, allerdings ist bis heute darüber sehr wenig bekannt, da es ein großes Tabuthema war. Daher liegen bis Anfang der 1990er im deutschsprachigen Raum kaum bzw. nur wenige Forschungsarbeiten zu dem Thema „Kinderwunsch von Menschen mit geistiger Behinderung" vor. In einigen anderen Ländern, wie Dänemark, Schweden, Großbritannien sowie USA oder Kanada scheint die Diskussion über Menschen mit geistiger Behinderung und Kinderwunsch schon viel früher begonnen zu haben. Jedoch liegt hier das Problem einer eindeutigen Zuordnung bzw. Vergleichbarkeit der Studien, da der verwendete Begriff „mental retardation" nicht immer mit dem Begriff „geistige Behinderung" gleichgesetzt werden kann (vgl. Pixa-Kettner 1996, S. 2-3).

Seit Mitte der 1990er Jahren wurden internationale Studien durchgeführt, die als Voraussetzung dienen, dass Unterstützungsangebote mit Erfolg angenommen und umgesetzt werden können (vgl. Rohmann 2014, S. 121). Ursula Pixa-Kettner führte eine der ersten Studien zu diesem Thema im Jahr 1993 durch. Hier wurden durch ca. 30 Interviews mit Betroffenen ihre biografischen Dimensionen zugänglich gemacht und im Jahre 2006 wurde eine Nachfolgestudie zu diesem Thema durchgeführt.

In Deutschland hat sich weiterhin ein Wandel hinsichtlich dieses Themas vollzogen, so wurde im Jahr 1999 der Bundesverband behinderter und chronisch kranker Eltern e.V. gegründet. Dieser Verein ist eine Selbsthilfegruppe für betroffene Eltern.

Seit im Jahr 2009 die UN- Behindertenrechtskonvention in Deutschland in Kraft getreten ist, ist das Recht von Menschen mit geistiger Behinderung auf Elternschaft international anerkannt und rechtlich verankert. Durch den Paradigmenwechsel und der Fachdiskussion zur Normalisierung, Integration, Teilhabe und Inklusion hat sich die Sichtweise auf das Thema verändert. Mittlerweile ist in vielen Ländern anerkannt, dass es einen Bedarf gibt, Menschen mit einer geistigen Behinderung, die einen Kinderwunsch oder bereits ein Kind haben, zu unterstützen, damit sie und ihre Kinder eine Chance auf ein „normales Familienleben" haben (vgl. Pixa-Kettner 2007, S. 309).

Tatsache ist jedoch, dass bis heute Eltern mit einer geistigen Behinderung immer noch mit massiven Vorurteilen zu kämpfen haben. Zu diesen Vorurteilen gehören, dass Menschen mit einer geistigen Behinderung auch geistig behinderte Kinder bekommen, Menschen mit einer geistigen Behinderung besonders viele Kinder bekommen, oder dass sie diese Kinder missbrauchen, sowie vernachlässigen würden oder Menschen mit einer geistigen Behinderung nicht in der Lage dazu sind, ein angemessenes Elternverhalten zu erlernen (vgl. Pixa-Kettner 2007, S .309-310). In Deutschland hat sich aber auch eine realitätsnähere Entwicklung hinsichtlich der Thematik vollzogen. So wurde im Jahre 1999 der Bundesverband behinderter und chronisch kranker Eltern bbe e.V.[2] gegründet und im Jahr 2002 wurde von 13 Einrichtungen die Bundesarbeitsgemeinschaft „Begleitete Elternschaft (BAG)"[3] gegründet (vgl. Pixa-Kettner/Rohmann

---

2 http://www.behinderte-eltern.de/Papoo_CMS/
3 http://www.begleiteteelternschaft.de.

2012, S. 4). In der Zwischenzeit arbeiten diese beiden Organisationen sehr gut zusammen und es sind mittlerweile (Stand 2011) ca. 30 Einrichtungen/ Projekte vertreten. Dies ist als eine sehr positive Entwicklung in der Geschichte festzuhalten. Jedoch gibt es in Deutschland bis heute keine flächendeckende Struktur zur Unterstützung von Eltern mit einer geistigen Behinderung (vgl. Pixa-Kettner/Rohmann 2012, S. 5).

5 Relevante Erkenntnisse aus den Bezugswissenschaften der Sozialen Arbeit zur Elternschaft von Menschen mit einer geistigen Behinderung

Die Fachkräfte Sozialer Arbeit berücksichtigen in ihrer täglichen Berufspraxis Erkenntnisse aus verschiedenen Bezugswissenschaften und arbeiten häufig in interdisziplinären Teams. Dies trifft auch für das Handlungsfeld der Hilfe für und mit Menschen mit Behinderung zu. Aus diesem Grund wird im nachfolgenden Abschnitt, auf drei verschiedene Bezugswissenschaften der Sozialen Arbeit und deren Aspekte zum Thema: Kinderwunsch von Menschen mit einer geistigen Behinderung eingegangen. Zuerst sei das Thema aus medizinischer, dann aus ethischer Sicht und anschließend aus einem psychologischen Blickwinkel betrachtet und erläutert.

5.1 Medizinische Aspekte

Im folgenden Abschnitt geht es darum, wie eine geistige Behinderung entsteht und ob dies vererblich ist oder nicht. Die medizinischen Erkenntnisse diesbezüglich bilden eine wesentliche Grundlager der Diskussion des bearbeiteten Themas.

Eine geistige Behinderung wird nach dem allgemeinen Intelligenzniveau und nach dem Grad der sozialen Adaptabilität bemessen und definiert. So wird wie in Punkt 1 bereits beschrieben eine Intelligenzminderung nach dem ICD-10 definiert. Eine geistige Behinderung ist ein „Zustand von verzögerter oder unvollständiger Entwicklung der geistigen Fähigkeiten, die sich in der Entwicklungsperiode manifestieren und die zum Intelligenzniveau beitragen, wie Kognition, Sprache, motorische und soziale Fähigkeiten. Eine Intelligenzminderung kann allein oder zusammen mit jeder anderen psychischen oder körperlichen Störung auftreten" (Neuhäuser/Steinhausen 2003, S. 25). Die geistige Behinderung wird in zwei Gruppen unterteilt; in eine leichte geistige Behinderung und in eine schwere geistige Behinderung. In der folgenden Tabelle wird in Anlehnung an Neuhäuser und Steinhausen auf die verschiedenen Merkmale der beiden Arten einer geistigen Behinderung eingegangen.

Bei der Gruppe der schwer geistig behinderten Menschen ist meistens eine organische Ursache nachweisbar und die Behinderungen entstehen zu 55 % pränatal. Eine leichte geistige Behinderung entsteht im Gegenzug nur zu 23 % pränatal. Die schwere geistige Behinderung entsteht zu 15 % und die leichte geistige Behinderung zu 18 % perinatal. Postnatal entsteht eine schwere geistige Behinderung zu 11 % und eine leichte geistige Behinderung zu 2 %. Bei den unbekannten Ursachen liegt der Prozentsatz bei einer schweren geistigen Behinderung bei 18 % und bei einer leichten geistigen Behinderung bei 55 %. Von großer Wichtigkeit ist es jedoch, dass die schwere geistige Behinderung nur zu 4 % familiär bedingt vorkommt, dagegen die leichte geistige Behinderung zu 29 % (vgl. Neuhäuser/Steinhausen 2003, S. 27, vgl. Buselmaier/Tariverdian 1999). Die Entwicklung der Kinder und ob eine mögliche Vererbung von Eltern mit einer geistigen Behinderung stattfindet, ist in der Debatte um das Thema ein wesentlicher Aspekt. Das stark emotional besetzte Thema kann hier Versachlichung erfahren. Dazu ist es wichtig, einen kurzen Einblick zu geben, wie sich das zentrale Nervensystem entwickelt und wann eine geistige Behinderung entstehen kann, denn 55 % der geistigen Behinderungen entstehen pränatal, also während der Schwangerschaft.

Das zentrale Nervensystem entsteht während der Embryonalperiode, wächst jedoch und differenziert sich während der gesamten Kindheit bis hin ins Erwachsenenalter. Dabei sind die verschiedenen einzelnen Perioden sehr wichtig für seine Entwicklung (vgl. Freitag 2005, S. 336). Während der Schwangerschaft können verschiedene Faktoren die Entwicklung des Nervensystems negativ beeinflussen und somit zu einer Schädigung führen. Zum Beispiel können in der zweiten Pränatalphase Infektionskrankheiten wie Röteln, Herpes oder Toxoplasmose dazu führen, dass sich das Hirngewebe entzündet und es so zu einer geistigen Behinderung kommt (vgl. Freitag 2005, S. 337). Diese Gefahr betrifft jedoch jede Schwangerschaft und nicht nur die von Menschen mit einer geistigen Behinderung. Wenn die geistige Behinderung jedoch aufgrund eines Gendefektes vorhanden ist, also bspw. Trisomie 21, ist die Wahrscheinlichkeit, dass eine geistige Behinderung, also der gleiche Gendefekt vererbt wird, viel höher. Wenn zum Beispiel eine Frau mit Trisomie 21 ein Kind erwartet von einem Mann ohne Trisomie 21, liegt die Wahrscheinlichkeit, dass das Kind Trisomie 21 hat, bei 50 %. Jedoch ist hierbei zu beachten, dass ca. 80 % aller Schwangerschaften, in denen der Embryo Trisomie 21 hat, in einer spontanen Fehlgeburt endet (vgl. Selikowitz 1992, S. 155). Zusätzlich kommt hinzu, dass Frauen mit Trisomie 21 eine verminderte Fruchtbar-

	schwere geistige Behinderung	leichte geistige Behinderung
Definition	IQ < 50	IQ 50-70
Soziale Funktionsfähigkeit	deutlich eingeschränkt	gering oder nicht eingeschränkt
Durchschnittliche Häufigkeit	selten	häufig
Häufigkeit in Institutionen	häufig, 25 %	selten, 3%
Geschlecht	mehr männlich	deutlich mehr männlich
Ätiologie	häufig organische Befunde, oft exogene oder genetische Ursachen	überwiegend endogne und genetisch bedingt
Familiäre Belastung	Eltern und Geschwister häufig durchschnittlich Intelligent	Eltern und Geschwister häufig niedrige Intelligenz
Soziale Faktoren	gleiche Verteilung in allen sozialen Schichten	überpräsent in niedrigen sozialen Schichten
Medizinische Komplikationen	häufig körperliche Behinderung	selten körperliche Behinderungen

Unterschiedliche Merkmale bei leichter und schwerer geistiger Behinderung (vgl. Neuhäuser/Steinhausen 2003, S.26)

keit haben. Nimmt man diese unterschiedlichen Risiken zusammen, kommen Experten zu dem Ergebnis, dass das tatsächliche Risiko, dass eine Frau mit Trisomie 21 ein Kind mit der gleichen Behinderung bekommt, bei nur ca. 10 % liegt (vgl. Selikowitz 1992, S. 155).

Weiter ist zu betonen, dass die ersten zwei Lebensjahre sehr wichtig für die Entwicklung des Gehirns sind. In dieser Zeit verstärkt sich die Ausdifferenzierung von Nervenzellen (vgl. Freitag 2005, S. 338). „Stoffwechselerkrankungen, Infektionen und traumatische Ereignisse haben hier besonders schwerwiegende Auswirkungen" (Freitag 2005, S. 338).

Eine leichte geistige Behinderung entsteht meistens ohne eine benennbare Ursache. Ca. 2% der Bevölkerung sind davon betroffen. Daneben sind die Eltern und Geschwister meistens auch betroffen oder liegen scharf an der Grenze „zum Normalen" (vgl. Buselmaier/Tariverdian 1999, S. 244). Hierbei sind die Ursachen meist endogen und erblich, wobei es wichtig ist zu betonen, dass es meistens eine multifaktorielle Vererbung gibt. Zu berücksichtigen ist, dass exogene Einflüsse meistens die Ursachen sind wie bspw. schlechte soziale Verhältnisse während der Kindheit (vgl. Buselmaier/Tariverdian 1999, S. 244). Dies begründet auch die generelle Notwendigkeit von Maßnahmen der Kinder- und Jugendhilfe in diesem Kontext.

Bei einer schweren geistigen Behinderung liegen meistens benennbare exogene und genetische Ursachen vor. Hierzu zählen Hirnschädigungen, Chromosomenmutationen oder monogene Erkrankungen, die zu einer geistigen Behinderung führen. Die schwere geistige Behinderung kommt im Durchschnitt ein Viertel weniger vor als die leichte geistige Behinderung (vgl. Buselmaier/Tariverdian 1999, S. 244). Liegt eine schwere geistige Behinderung vor, sind höchstwahrscheinlich zusätzliche Befunde, wie körperliche Schäden, Fehlbildungen und massivere neurologische Befunde vorhanden (vgl. vgl. Buselmaier/Tariverdian 1999, S. 244). Hingegen ist es wichtig festzuhalten, dass die Eltern oder weitere Geschwisterkinder sehr selten auch eine geistige Behinderung haben. Eine Vererbung einer schweren geistigen Behinderung ist typischerweise rezessiv (vgl. Buselmaier/Tariverdian 1999, S. 244).

Schlussfolgern kann man daraus: Wenn eine Frau mit einer schweren geistigen Behinderung ein Kind bekommt, wird dieses mit hoher Wahrscheinlichkeit keine geistige Behinderung aufweisen. Bekommt im Gegenzug eine Frau mit einer leichten geistigen Behinderung ein Kind, bekommt das Kind mit einer hohen Wahrscheinlichkeit eine leichte geistige Behinderung. Die Gründe dafür liegen aber, wie vorhin beschrieben, im Wesentlichen in exogenen Einflüssen, die wiederum beeinflussbar sind (vgl. Buselmaier/Tariverdian 1999, S. 244). Positiv beeinflusst (zum Beispiel besserer sozioökonomischer Status), würden sie das Risiko verringern. Diese exogenen Einflüsse, um beispielsweise eine Entwicklungsverzögerung durch entsprechende Förderung zu kompensieren, lassen sich weiter verbessern, wenn zum Beispiel die Eltern eine professionelle Begleitung erfahren, Logopädie und/oder Ergotherapie stattfindet oder die Kinder in Kindertageseinrichtungen gefördert werden (vgl. Pixa-Kettner/ Sauer 2015, S. 229).

Festzuhalten ist, dass eine geistige Behinderung an sich nicht vererbbar ist. Jedoch zeigen wissenschaftliche Erkenntnisse, dass die kognitive Entwicklung von Kindern, die mit einem Elternteil zusammenleben, welcher eine geistige Behinderung aufweist, verzögert ist (vgl. Kindler 2006, S. 2). Es werden immer wieder Entwicklungsverzögerungen im Bereich der Motorik, der Sprache und im psychosozialen Bereich festgestellt. Zusätzlich besteht eine erhöhte Rate, von klinisch und sozial bedeutsamen Verhaltensauffälligkeiten bei Kindern, deren Eltern eine geistige Behinderung haben (vgl. Pixa-Kettner/ Sauer 2015, S. 229). Diese Auffälligkeiten sind häufig auf eine mangelnde Förderung und eine unzureichende Stimulation der Kinder durch die Eltern zurückzuführen (vgl. Pixa-Kettner /Sauer 2015, S. 229). Dies bedeutet im Umkehrschluss, sie sind durch entsprechende Unterstützungsangebote kompensierbar.

Des Weiteren wird festgestellt, dass ein beträchtlicher Teil der Kinder, deren Eltern eine geistige Behinderung haben, keine Entwicklungsverzögerungen aufweisen und sich altersgerecht entwickeln (vgl. Kindler 2006, S. 2). Hinzu kommt, wie bei der leichten geistigen Behinderung schon festgehalten, dass das soziale Milieu, in dem die Kinder aufwachsen, einen erheblichen Einfluss auf deren Entwicklung hat, was aber nicht nur die Kinder von Eltern mit einer geistigen Behinderung betrifft. Insofern ist kein kausaler Zusammenhang zwischen einer elterlichen geistigen Behinderung und der kindlichen Entwicklung gegeben (vgl. Pixa-Kettner/ Sauer 2015, S. 229).

5.2 Ethische Aspekte

Es gibt verschiedenste Disziplinen der Ethik, jedoch wird im nachfolgenden Abschnitt nur kurz auf die allgemeine Definition von Ethik eingegangen. Ethik wird als die Lehre bzw. die Theorie beschrieben, die sich mit der Unterscheidung von Gut und Böse auseinandersetzt (vgl. Suchanek/ Lin-Hi 2017). Unter Ethik wird also die „Wissenschaft der Moral" und die Diskussion über Normen und Werte verstanden. Die theoretische Unterscheidung zwischen dem, was unter „gut" verstanden wird, und dem, was „böse" meint, schließt die jeweiligen Verständnisse eben von „Gut" und „Böse" sowie des entsprechenden Handelns mit ein (vgl. Obermann/ Thöne 2010, S. 27-28). Die Ethik sucht nach Antworten auf die Frage, welches Vorgehen und Verhalten in einer bestimmten Situation richtig und somit moralisch korrekt ist.

Im nachfolgenden Abschnitt werden die ethischen Aspekte in Bezug auf das Thema besprochen. Hierbei wird es nicht um die rechtlich fixierten Aspekte gehen, diese sind bereits beschrieben, können aber auch als moralische Wertorientierungen betrachtet werden.

Da jeder Mensch das Recht auf Kinder hat und niemand aufgrund seiner Behinderung benachteiligt werden darf, haben selbstverständlich Menschen mit einer geistigen Behinderung das Anrecht auf Elternschaft.

Es können in diesem Zusammenhang jedoch unterschiedliche Werte kollidieren, was am Beispiel Kindeswohl und Sorgerecht diskutiert wurde. Potenzielle Wertekonflikte sind also im gegebenen Thema inkludiert.

Im Grundrecht ist ohne Abstriche klar geregelt, dass für Menschen mit und ohne geistige Behinderung die gleichen Gesetze gelten, jedoch wird immer wieder die Erfahrung gemacht, dass gesetzliche Betreuer, Eltern, Angehörige und „Laien", davon ausgehen, dass Menschen mit einer geistigen Behinderung keine Kinder bekommen bzw. eine Schwangerschaft nicht vorkommen „darf" (vgl. Obermann/Thöne 2010, S. 30). Dies wird häufig damit begründet, dass eine Schwangerschaft verhindert werden muss, da eine geistige Behinderung vererbt wird oder dass Menschen mit einer geistigen Behinderung nicht in der Lage sind, ein Kind groß zu ziehen (vgl. Obermann/ Thöne 2010, S. 30). Beim zweiten Punkt folgt zusätzlich die Aussage, dass das Kind kurz nach der Geburt besser direkt in einer Pflegefamilie untergebracht wird. Alle diese Argumente sind fachlich nicht haltbar und zeugen von bestimmten Geisteshaltungen, die Menschen mit Behinderung herabstufen.

Obermann und Thöne (2010) haben festgehalten, dass das erste Argument der Vererbung hinfällig ist, dass dies durch die verschiedensten Untersuchungen ausgeschlossen werden kann, denn die Wahrscheinlichkeit, dass Kinder von geistig behinderten Eltern auch eine Gehirnschädigung bei der Geburt erleiden, ist nicht höher, als bei Eltern ohne geistige Behinderung. Aber auch wenn dies trotzdem zutreffen würde, stellt sich die Frage, ob und wer aus ethischen Gründen dazu berechtigt ist, einer Frau mit einer geistigen Behinderung zu „verbieten" ein Kind zu bekommen (vgl. Obermann/Thöne 2010, S. 30).

„Denn wenn wir von dem Grundsatz ausgehen, dass jedes Leben gleichermaßen wertvoll ist, was ja zumindest in kirchlichen Zusammenhängen Maxime ist, haben wir kein Recht geistig behindertes Leben zu verhindern" (Obermann/Thöne 2010, S. 30).

Dementsprechend gibt es einen Zusammenhang mit der Diskussion zur ethischen Fundierung der Pränataldiagnostik und Präimplantationsdiagnostik. Durch die Pränataldiagnostik und Präimplantationsdiagnostik fühlen sich viele Menschen mit einer chronischen Krankheit und körperlichen Behinderung diskriminiert und abwertend behandelt, wird doch ihr Lebensrecht (indirekt) in Frage gestellt. Zumindest kann je nach Diagnose und Wertehaltung das Lebensrecht mit den Wert- und Lebensvorstellungen der Eltern(-teile) kollidieren und diese ggf. in ethisch-moralische Konflikte kommen.

Durch die Pränataldiagnostik und Präimplantationsdiagnostik kann es passieren, dass Menschen mit Behinderung als weniger lebenswert angesehen werden, da sie hätten „verhindert" werden können. Zudem könnte

Solidarität mit ihnen schwinden sowie die Förderung von Menschen mit Behinderung untergraben werden, was zum Abtrieb an den Rand der Gesellschaft führen könnte (vgl. Deutscher Ethikrat 2011, S. 62f.; vgl. Krones 2009, S. 216f.). Die im Grundgesetz verankerte Gleichheit wäre hinfällig.

Zur zweiten Aussage, dass Menschen mit einer geistigen Behinderung nicht in der Lage sind, ein Kind groß zu ziehen und zu erziehen, gibt es ebenfalls Sachargumente, unter denen man die verschiedenen Aspekte beleuchten kann. Denn nach Kindler (2006a) ist eine Erziehungsfähigkeit vorhanden, wenn man die folgenden vier Fähigkeiten besitzt bzw. erfüllen kann:

- *„Fähigkeit, Bedürfnisse des Kindes nach körperlicher Versorgung und Schutz zu erfüllen;*
- *Fähigkeit, dem Kind als stabile und positive Vertrauensperson zu dienen;*
- *Fähigkeit, dem Kind ein Mindestmaß an Regeln und Werten zu vermitteln;*
- *Fähigkeit, einem Kind grundlegende Lernchancen zu eröffnen"* *(Kindler 2006a, S .3).*

Hierbei ist jedoch zu berücksichtigen, dass die Person, die das Sorgerecht hat, die vorliegenden Fähigkeiten nicht zwangsläufig selbst erfüllen muss, „sofern sie für einen angemessen Ersatz Sorge tragen kann" (Kindler 2006a, S. 3). Weiterhin ist zu beachten, dass eine eventuelle Einschränkung in verschiedenen Stufen unterteilt werden kann, von „wenig schwerwiegend" bis hin zu „sehr schwerwiegend".

Infolgedessen kann festgehalten werden, dass auch wenn ein Elternteil aufgrund seiner geistigen Behinderung nicht alle Fähigkeiten erfüllt, er trotzdem dazu in der Lage ist, das Kind zu erziehen, wenn er diese „Fähigkeit" an jemand anderen delegiert.

So kann man bspw. davon ausgehen, dass in Bezug auf die Fähigkeit, einem Kind grundlegende Lernchancen zu eröffnen, viele Eltern mit einer geistigen Behinderung schon meist sehr früh verhindert sind, ihrem Kind selbst leichtere Alltagszusammenhänge zu erklären oder sie bereits in der Grundschule ihr Kind nicht mehr persönlich beim Lernen unterstützen können (vgl. Obermann/Thöne 2010, S. 31). Allerdings kann dies an eine außenstehende Person delegiert werden und somit die Fähigkeit trotzdem erfüllt werden. Eine Möglichkeit der Unterstützung wäre beispielsweise eine sozialpädagogische Familienhilfe nach dem Kinder- und Jugendhilfegesetz.

Eine geistige Behinderung ist nicht nur durch die unterdurchschnittliche Intelligenz definiert, sondern auch dadurch, dass diese Menschen in ihrer Kommunikation und in der sozialen Anpassung eingeschränkt sind (vgl. Imh plus o. J.). Je nachdem wie stark die geistige Behinderung ausgeprägt ist, ist die Fähigkeit, sich in andere Menschen hineinzuversetzen und gewisse Situationen abzuschätzen, mehr oder weniger stark eingeschränkt. Dies stellt ein Risiko dar, denn je nachdem wie stark diese Einschränkungen sind, können die Bedürfnisse eines Kindes weniger oder schlechter wahrgenommen werden und ggf. schlechter befriedigt werden (vgl. Obermann/Thöne 2010, S. 33). Wenn also trotz großer Zuneigung zum Kind, dessen Bedürfnisse nicht richtig wahrgenommen und befriedigt werden, ist das Risiko sehr hoch, dass ein Kind keine sichere Bindung zu seiner Mutter entwickelt. Wenn ein Kind keine stabile Bindung zu seiner Mutter oder aber zu einer anderen, vertrauensvollen festen Bezugsperson entwickelt, ist das Risiko sehr hoch, dass diesem Kind eine wichtige Entwicklungsbasis fehlt.

Folglich stellt eine geistige Behinderung einen Risikofaktor dar, dass sich das Kind nicht ungestört entwickeln kann (vgl. Obermann/Thöne 2010, S. 33). Diese Auswirkungen hängen jedoch im Einzelfall sehr stark davon ab, welche weiteren Risikofaktoren vorliegen oder nicht und ob die betreffende Person genügend Unterstützung bekommt oder nicht (vgl. Obermann/Thöne 2010, S. 33).

Wie Obermann und Thöne (2010) beschreiben, ist dies ein Risikofaktor von mehreren. Sie haben die Erfahrung in der Praxis gemacht, dass viele Menschen mit einer geistigen Behinderung unabhängig ihres Kinderwunschs weiteren Risikofaktoren ausgesetzt sind bzw. mit sich bringen. Zu diesen Risikofaktoren gehören unter anderem sozioökonomische Faktoren wie ein geringes Einkommen, psychosoziale Faktoren wie ein erhöhtes Risiko einer instabilen Paarbeziehung sowie biographische Erfahrungen von Gewalt und (sexuellem) Missbrauch, Abstammung aus problembeladenen Herkunftsfamilien sowie eine psychische Störung. Hinzu kommt noch, dass viele Mütter mit einer geistigen Behinderung bei der Geburt ihres ersten Kindes sehr jung sind (vgl. Obermann/ Thöne 2010, S. 33). So entsteht durch die Kombination der verschiedenen Faktoren ein Risiko für die Entwicklung der Kinder. Dies führt nicht automatisch zu einer gestörten Entwicklung der Kinder, denn ob sich diese Lebensbedingungen ungünstig auf die Kinder auswirken oder nicht, hängt von weiteren Faktoren ab (vgl. Obermann/ Thöne 2010, S. 33). Neben der Menge und Art der Risikofaktoren, ist mitentscheidend, ob kompensatorische und protektive Faktoren vorhanden sind. Dazu zählen bspw. eine enge Beziehung zu einer ansprechenden und dauerhaften Erziehungsperson oder eine stabile Beziehung zu einem wohlwollenden Erwachsenen, ggf. auch ohne geistige Behinderung, denn daraus resultiert der Ausgleich eines Risikofaktors.

Dies bedeutet zwar, dass man davon ausgehen kann, dass Menschen mit einer geistigen Behinderung in der Erziehung eines Kindes eingeschränkt sein können, eventuell Risikofaktoren für das Kind mit sich bringen und man das dann ggf. aus ethischer Sicht gegenüber dem Kind nicht einfach so stehen lassen bzw. die Mutter/ Eltern sich allein überlassen kann. Es muss hier jeder Einzelfall individuell betrachtet und nicht pauschal entschieden werden. Entscheidend ist die Ausprägung einer geistigen Behinderung und die damit eventuell zusammenhängenden Risikofaktoren. Sie sind von Einzelfall zu Einzelfall zu identifizieren und zu differenzieren, können sie doch durch zusätzliche Unterstützungsmöglichkeiten reduziert werden. Für die Praxis bedeutet dies, dass mehr Unterstützungsangebote zur Verfügung gestellt werden müssen, um Familien, bei denen Risikofaktoren auftreten, angemessen zu unterstützen und so das Zusammenleben von Eltern mit einer geistigen Behinderung und ihren Kindern zu gewährleisten.

„Ethische Überlegungen können uns bei offenen Fragen helfen zu klären, ob wir „gut und richtig" handeln und uns so Möglichkeiten eröffnen, Eltern und Kinder so gut wie möglich zu unterstützen" (Obermann/Thöne 2010, S. 38).

Abschließend festzuhalten ist, dass aus ethischer Sicht jeder Mensch so autonom wie möglich leben darf und soll. Jeder hat das Recht auf Selbstbestimmung. Hierbei ist es laut Graumann (2013) wichtig zwischen Autonomie als moralische Norm und Autonomie als faktische Fähigkeit eines Menschen zu unterscheiden. Denn die Autonomie als faktische Fähigkeit bedeutet, dass ein Mensch nach den eigenen Vorstellungen und den für sich selbst gesetzten Regeln, also selbstbestimmt, leben kann. Diese Fähigkeiten entwickeln sich im Laufe des Lebens und deren Entwicklung kann auch jederzeit durch äußere und innere Bedingungen eingeschränkt werden (vgl. Graumann 2013, S. 4).

Autonomie als moralische Norm meint in der Kantischen Tradition die „Moralfähigkeit des Menschen als Menschen" (Kant 1785/1974, 69 zit. n. Graumann 2013, S. 4). Diese zu achten bedeutet, die vorhandene Selbstbestimmung zu akzeptieren und zu respektieren. Es bedeutet aber auch zusätzlich, dass die Selbstbestimmung entwickelt, bewahrt und gegebenenfalls durch Hilfe gestützt werden muss (vgl. Graumann 2013, S. 4).

Menschen mit einer geistigen Behinderung, auch wenn sie in ihren Fähigkeiten, etwas selbstbestimmt zu entscheiden und danach zu handeln, eingeschränkt sind, dürfen nicht bevormundet werden. Es ist immer zu beachten, dass das Recht auf Selbstbestimmung ausdrücklich Berücksichtigung findet. Menschen mit geistiger Behinderung haben ein Anrecht auf die nötige Assistenz. Sie dürfen selbstbestimmt sein. Eingeschlossen ist, dass Menschen mit einer geistigen Behinderung die Unterstützung und Assistenz erhalten müssen, die sie für eine verantwortliche Elternschaft benötigen (vgl. Graumann 2013, S. 4).

5.3 Psychologische Aspekte

Die Frage, warum sich Frauen und Männer Kinder wünschen, ist immer wieder Interessensgegenstand von wissenschaftlichen Untersuchungen. Sie kommen aber auch immer wieder zu unterschiedlichsten Erkenntnissen (vgl. Pixa-Kettner/Bargfrede 2015, S. 73). Im nachfolgenden Abschnitt geht es um die psychologischen Aspekte bezüglich des Kinderwunsches, speziell um den Kinderwunsch von Menschen mit einer geistigen Behinderung.

Unbestritten ist, dass es seitdem die Empfängnisverhütungsmittel zuverlässiger sind und somit die Entscheidung über die persönliche Fruchtbarkeit möglich ist, dazu geführt hat, dass es einen „bewussteren" Kinderwunsch gibt (vgl., Pixa-Kettner/ Bargfrede 2015, S. 73). Die Frage nach einem Kinderwunsch bzw. nach Elternschaft kann und muss dadurch neu bedacht werden.

Beim Kinderwunsch von Männern und Frauen können drei Ebenen unterschieden werden. Glogler und Tippelte (1993) differenzieren zwischen einer Makroebene, Mesoebene und einer Mikroebene. Die gesellschaftliche Makroebene bezieht sich auf demographische Befunde wie bspw. Alterstrends, Anzahl der Kinder, Einkommen und Wohnverhältnis, Bildungsstand sowie Konfessionszugehörigkeit (vgl. Pixa-Kettner/Bargfrede 2015, S. 73). Daran ist interessant zu beobachten, dass ausschließlich bei Frauen ein umgekehrter Zusammenhang zwischen ihrer Qualifikation und der Kinderzahl besteht. Hier wird durch Pixa-Kettner darauf hingewiesen, dass dies im Umkehrschluss bedeuten würde, dass Frauen mit einer geistigen Behinderung statistisch betrachtet eine überdurchschnittlich hohe Kinderanzahl hätten. Das entspricht nicht der Realität. (vgl. Pixa-Kettner/Bargfrede 2015, S. 73). Zu der Makroebene gehören weiter die Wertigkeit von Kindern, die Familientätigkeit sowie die Erwerbstätigkeit.

Auf der Meso- und Mikroebene geht es um das tatsächliche Verhalten des Menschen, sowie die rationalen, nicht-rationalen und emotionalen Begründungen für einen Kinderwunsch bzw. um die Motivation, eigene Kinder bekommen zu wollen. Aus psychodynamischer Sicht kommen die unbewussten Motivationen hinzu. Sie nehmen einen hohen Stellenwert ein (vgl. Pixa-Kettner/ Bargfrede 2015, S. 73/74).

Wie bereits beschrieben, ist das Thema Kinderwunsch und dessen Beweggründe ein sehr komplexes Thema, „weshalb Fachleute immer davon ausgehen, dass der Kinderwunsch immer bis zu einem gewissen Grad konflikthaft und ambivalent ist" (Pixa-Kettner/ Bargfrede 2015, S. 74). Pixa-Kettner und Bargfrede haben auf der Grundlage von Literatur-

recherchen folgende Punkte als Kinderwunschmotivation zusammengestellt. Kinderwunsch als
- Wunsch nach Zuwendung
- Ausdruck von Konformität
- Wunsch nach Lebensbereicherung
- Wunsch nach einer vollständigen Familie
- Gefühl, durch das Kind gebraucht zu werden
- Beweis der geschlechtlichen Potenz
- Emanzipation gegenüber den eigenen Eltern
- Flucht (vgl. Pixa-Kettner/ Bargfrede 2015, S. 74).

All diese Motivationen spielen bei Menschen mit und ohne Behinderung die gleiche Rolle, wobei bei Menschen mit einer geistigen Behinderung der Wunsch nach Normalität und Erwachsensein bzw. als Ausdruck dessen, als zusätzliche Motivation aufgezählt werden kann und muss (vgl. Pixa-Kettner/ Bargfrede 2015, S. 74).

Es kann also festgehalten werden, dass der Kinderwunsch bei Menschen mit und Menschen ohne geistige Behinderung ein komplexes Gebilde von persönlichen und gesellschaftlichen Faktoren darstellt. Während sich jedoch Frauen ohne Behinderung dafür rechtfertigen müssen, dass sie keine Kinder möchten, müssen sich im Umkehrschluss Frauen mit einer geistigen Behinderung dafür rechtfertigen, wenn sie ein Kind möchten (vgl. Pixa-Kettner/Bargfrede 2015, S. 75).

„Faßt man die genannten Motive für Kinder zusammen, überwiegen die emotionalen Aspekte (...). Dabei steht jedoch der funktionale Charakter des Kinderwunsches mit Abstand im Vordergrund, d. h. Kinder sollen vor allem Wünsche und Bedürfnisse der Eltern erfüllen" (Glogler-Tippelte u.a. 1993, S. 57, zit. n. Pixa-Kettner/ Bargfrede 2015, S. 75).

Dieser Punkt ist von großer Bedeutung, da Eltern mit einer geistigen Behinderung oft vorgeworfen wird, sie möchten Kinder nur haben, um sie für die eigenen Bedürfnisse und Zwecke zu funktionalisieren. Dies kann jedoch genauso Eltern ohne eine geistige Behinderung betreffen (vgl. Pixa-Kettner 2015, S. 75).

Nach Krumm (2010) ist der Kinderwunsch im Verlauf des eigenen Lebens nicht ständig stabil, sondern verändert sich immer wieder. Es ist zu beachten, dass der Kinderwunsch von den persönlichen Idealen und psychologischen Aspekten abhängig ist und gesellschaftliche Normen beinhaltet (vgl. Krumm 2010, S. 25).

Erikson hat mit seiner Identitätstheorie die Theorie der psychosexuellen Entwicklung von Sigmund Freud weiterentwickelt und beschränkt sich nicht wie Freud nur auf die Persönlichkeitsentwicklung in der frühen Kindheit, sondern er beschreibt die Identitätsentwicklung als einen Prozess, welcher sich durch das ganze Leben jedes einzelnen Individuums zieht (vgl. Boerre 2006, S. 7). Nach Erikson erreichen wir ab Mitte der 20er bis zu unseren späten 50er Lebensjahren die siebte Stufe seines acht Stufenmodelles zur Identitätsentwicklung. Die Entwicklungsaufgabe liegt hier darin, die richtige Balance zwischen Generativität und Stagnation zu finden und diese aufrecht zu erhalten (vgl. Boeree 2006, S. 15). Diese Phase wird durch das Gründen und Erziehen einer neuen Generation gekennzeichnet, sowie die schöpferische Leistung für die nachfolgende Generation (vgl. Boeree 2006, S. 15). Es geht also darum, die Liebe in einer Partnerschaft bis in die Zukunft auszudehnen, eine nächste Generation zu gründen, sich um diese zu kümmern und für sie zu sorgen (vgl. Boeree 2006, S. 15). Die meisten Menschen erleben die Generativität im Zuge dessen, dass sie die eigenen Kinder aufziehen. Wenn also die Generativität nicht gelebt werden kann, also keine Kinder erzogen werden können oder eine andere soziale Aufgabe übernommen werden kann, besteht die Gefahr einer Stagnation. Ist dies der Fall, kann das psychosoziale Wachstum verhindert werden und der Mensch würde somit weder echte Verantwortung noch Solidarität übernehmen (vgl. Jegen 2014, S. 11). Daraus könnte resultieren, dass ein Mensch narzisstisch auf sich selbst bezogen bleibt und sich das Gefühl einer Leere bemerkbar macht. So ist es möglich, dass eine sogenannte Midlife-Crisis entsteht (vgl. Jegen 2014, S. 11). Dies betrifft jedoch nicht nur Menschen ohne eine geistige Behinderung, sondern auch Menschen mit einer geistigen Behinderung, gilt also für alle erwachsenen Menschen ohne Kinder.

Ein unerfüllter Kinderwunsch kann Auswirkungen auf die menschliche Psyche haben. Daher benötigt das Thema Kinderwunsch eine hohe Aufmerksamkeit, unabhängig davon, ob jemand eine geistige Behinderung hat oder nicht.

6 Zwischenfazit

Das von uns angestrebte Ziel war es, herauszufinden, ob Menschen mit einer geistigen Behinderung Kinder haben „dürfen" und „können" und inwieweit es hierfür gesetzliche Regelungen gibt. Dazu wurde der Kinderwunsch von Menschen mit einer geistigen Behinderung aus den verschiedenen Perspektiven - medizinisch, ethisch und psychologisch - betrachtet. Im nächsten Kapitel wird es um die Beratung von Menschen mit geistiger Behinderung, Angehörigen und Fachkräften gehen. Damit sollen methodische Grundlagen für die Umsetzung vorgenannter Erkenntnisse gegeben werden. Zusammenfassend können die Erkenntnisse wie folgt festgehalten werden.

Um der Frage des Kinderwunsches von Menschen mit einer geistigen Behinderung näher zu kommen, wurde zunächst der Begriff „geistige Behinderung" geklärt, und damit der betroffene Personenkreis näher beschrieben. Dabei konnte gezeigt werden, dass die Personengruppe mit dem Begriff „geistige Behinderung" bzw. „geistig behindert" stigmatisiert wird. Jedoch gibt es bisher keine gängige Alternative, warum der Begriff weiterhin verwendet wurde und wird. Anliegen war und ist allerdings, stets den Menschen in den Fokus zu nehmen und nicht dessen Behinderung, die ja eben unterschiedlich verstanden werden kann (vgl. S. 12f) und den Menschen zwar quasi begleitet, ihn aber nicht dominieren soll.

Deutlich wurde, dass es schwierig ist, eine genaue Definition geistiger Behinderung zu finden. „Geistige Behinderung" definieren verschiedenste wissenschaftliche Disziplinen unterschiedlich. Hier wird durch jede Wissenschaft ein anderer Schwerpunkt gelegt. Ebenfalls stellte sich heraus, dass die meisten Definitionen unzureichend sind, da sie den Schwerpunkt vor allem auf die Defizite des Personenkreises legen und die geistige Behinderung als ein von der Norm abweichendes Verhalten und Phänomen beschreiben. Die Frage ist zu stellen, was als „Norm" bezeichnet werden kann, gerade wenn man die Auftretenswahrscheinlichkeit berücksichtigt.

Zusätzlich lag die Schwierigkeit einer genauen Definition darin begründet, dass eindeutige Kriterien gewonnen werden müssen, die „einerseits die Zuteilung von Ressourcen legitimieren, andererseits die Lebenslage Behinderung von anderen Lebenslagen abgrenzen" (Metzler 2011, S. 107).

Als nächster logischer Schritt wurden die Rechte von Menschen mit einer geistigen Behinderung in Zusammenhang mit einer Elternschaft beschrieben sowie die Rechte von Kindern und die Rechte und Pflichten von Eltern erläutert. Hier ist direkt zu Beginn als wichtigster Punkt festzuhalten, dass Menschen mit einer geistigen Behinderung die gleichen Rechte aber auch Pflichten haben, wie Menschen ohne eine solche „Diagnose". Zusätzlich wurde beschrieben, dass das Elternrecht immer dem Kindeswohl und den Rechten von Kindern gegenübersteht. Eltern darf das Sorgerecht bzw. Elternrecht nur entzogen werden, wenn eine Kindeswohlgefährdung vorliegt. Dies betrifft alle Eltern und nicht nur die mit einer geistigen Behinderung. Wichtig war auch in diesem Abschnitt zu klären, inwieweit das im Jahre 1992 eingetretene Betreuungsgesetz einer Elternschaft entgegensteht, bzw. ob es einen Einfluss auf eine gelebte Elternschaft hat oder nicht. Wichtig ist, auch wenn ein Mensch mit einer geistigen Behinderung gesetzlich betreut wird, dies keine gesetzliche Einschränkung für die Betreuung seines Kindes nach sich zieht. So kann ein Mensch mit einer geistigen Behinderung das uneingeschränkte Aufenthaltsbestimmungsrecht für sein Kind haben, selbst wenn für ihn eine gesetzliche Betreuung im Bereich der Aufenthaltsbestimmung besteht. Das Eingreifen in das Sorgerecht durch eine gesetzliche Betreuung ist nur dann erlaubt, wenn es sich um eine Kindeswohlgefährdung handelt. Eltern mit einer geistigen Behinderung haben demnach das gleiche Grundrecht auf eine Elternschaft, wie Menschen ohne eine Behinderung.

Im Rahmen der rechtlichen Lage von Menschen mit einer Behinderung wurde kurz auf das Sterilisationsgesetz eingegangen. Noch in der jüngeren Vergangenheit wurden, wie im geschichtlichen Teil beschrieben, viele Menschen mit einer Behinderung zwangssterilisiert. Durch das aktuell gültige Betreuungsgesetz ist jedoch klar geregelt, dass niemand gegen seinen Willen sterilisiert werden darf und das, wenn eine Sterilisation bei jemandem, der oder die unter gesetzlicher Betreuung steht, durchgeführt werden soll, dies durch ein Gericht geprüft und entschieden werden muss.

Als weiterer wichtiger Punkt wurde das Thema Elternschaft von Menschen mit einer geistigen Behinderung und der Umgang damit in der Zeit des Nationalsozialismus betrachtet. In dieser Zeit wurden Menschen mit einer geistigen Behinderung zwangssterilisiert, das Recht auf Menschsein und Leben abgesprochen sowie systematisch getötet.

Nach der Zeit des Nationalsozialismus folgte eine Bevormundung und Überbehütung von Menschen mit einer geistigen Behinderung. Erst Mitte der 1960er Jahre wurde der Begriff „Normalisierung" in der Öffentlichkeit formuliert. Lange Zeit wurden Menschen mit einer geistigen Behinderung als Kinder angesehen, welche keine Sexualität und Partnerschaft leben und vor allem keinen Kinderwunsch haben (dürfen). In den letzten 30 Jahren ist diese Thematik in Fachkreisen aufgegriffen worden. Durch das 1992 in Kraft getretene Betreuungsgesetz wurde die Diskussion über Elternschaft von Menschen mit einer geistigen Behinderung unter anderem deshalb angefacht, weil die Sterilisation von Menschen mit geistiger Behinderung darin geregelt wurde. Bis dato war die Sterilisation von Minderjährigen ein sehr häufig praktiziertes Verfahren, auch wenn es schon länger verboten war. Selbstverständlich gab es vor den 1980er Jahren auch schon den Kinderwunsch bei Menschen mit einer geistigen Behinderung. Dieses Thema war jedoch immer tabuisiert. Das begründet ebenfalls mit, dass bis Anfang der 1990er Jahre fast keine Forschungsarbeiten zu diesem Thema existieren. Erst die Studienergebnisse von Ursula Pixa-Kettner aus dem Jahr 1993 erhalten mit empirisch belegten Fakten und Zahlen das Themenfeld. Die Auseinandersetzung des betroffenen Personenkreises mit Diskriminierung und Vorurteilen bzgl. einer gelebten Elternschaft hält an.

Weiter wurde auf die verschiedenen Aspekte von den Bezugswissenschaften Medizin, Ethik und Psychologie eingegangen. So wurde festgestellt, dass aus medizinischer Sicht eine geistige Behinderung an sich nicht vererbbar ist, dass aber durch Untersuchungen festgestellt wurde, dass die kognitive Entwicklung von Kindern, die mit einem Elternteil zusammenleben, welcher eine geistige Behinderung vorweist, sehr oft verzögert ist. Hierbei werden immer wieder Entwicklungsverzögerungen im Bereich der Motorik, Sprache und im psychosozialen Bereich festgestellt sowie kindliche Verhaltensauffälligkeiten, die klinisch bedeutsam sind.

Solche Auffälligkeiten sind häufig auf mangelnde Förderung und eine unzureichende Stimulation der Kinder durch die Eltern zurückzuführen, könnten allerdings durch angemessene Unterstützung von Eltern mit einer geistigen Behinderung ausgeglichen werden. Weiter hat das soziale Milieu, in dem Kinder aufwachsen, einen erheblichen Einfluss auf deren Entwicklung, was nicht nur die Kinder von Eltern mit einer geistigen Behinderung betrifft, sondern alle Kinder. Es kann also festgehalten werden, dass es keinen kausalen Zusammenhang zwischen einer elterlichen geistigen Behinderung und der Fehlentwicklung von Kindern gibt.

Als nächstes sei auf ethische Aspekte eingegangen. Unter Ethik versteht man die Lehre bzw. Theorie vom Handeln gemäß der Unterscheidung von Gut und Böse in dem Sinn, welches Handeln und Verhalten bei einer bestimmten Ausgangssituation moralisch korrekt wäre und welches nicht. Auf unseren Zusammenhang bezogen also die Frage, ob es moralisch korrekt ist, dass Menschen mit einer geistigen Behinderung Kinder bekommen „dürfen", was zu bejahen ist.

Herausgestellt wird weiter, dass Eltern mit einer geistigen Behinderung verschiedene Risikofaktoren für ihre Kinder mit sich bringen, diese allerdings durch andere Bezugspersonen ausgeglichen werden können. Die ethischen Überlegungen zu dem Thema können Angehörigen und Fachkräften weiterhelfen, indem sie Argumente liefern, individuell zu entscheiden, was in der konkreten Situation bzw. mit den konkret beteiligten Personen eben auch aus deren Sicht als „gut" oder „böse" zu betrachten ist. Aus ethischer Perspektive sollte jeder Mensch autonom leben können und dürfen. Jeder hat das Recht auf Selbstbestimmung und darf somit seine Wünsche und Bedürfnisse äußern, die dann auch wertgeschätzt werden sollen. Dies bedeutet, dass Menschen mit einer geistigen Behinderung nicht bevormundet werden dürfen, selbst wenn sie in ihrer Selbstbestimmung eingeschränkt sein sollten. Sie haben das Anrecht auf die nötige Unterstützung, um so selbstbestimmt wie möglich zu leben. Aus ethischer Sicht haben sie ein Anrecht darauf, die nötige Unterstützung und Assistenz zu erhalten, um ihre selbstbestimmte Elternschaft verantwortlich sich und dem Kind gegenüber leben zu können.

Aus der Psychologie ist bekannt, dass Menschen mit einer geistigen Behinderung die gleichen "Motivationsgründe" für ihren Kinderwunsch wie Menschen ohne eine Behinderung haben. Lediglich der stärker ausgeprägte Wunsch nach Normalität und Erwachsensein kann bei Menschen mit einer geistigen Behinderung als zusätzlicher Motivationsgrund aufgeführt werden. All diese Motivationsgründe sind emotional geprägt. Im Vordergrund steht, dass mit einem Kind die Bedürfnisse und Wünsche der Eltern ob mit oder ohne geistige Behinderung, erfüllt werden.

Zusammenfassend lässt sich sagen, dass aus rechtlicher, medizinischer, ethischer und psychologischer Sicht einem Erfüllen des Kinderwunsches nicht automatisch etwas entgegensteht, wenn eine geistige Behinderung gegeben ist. Es ist vielmehr immer von der einzelnen Person und deren Lebenssituation abhängig.

Für mehr Klarheit bei den betroffenen Personen, ihren Angehörigen und vertrauten Personen ist eine fachliche Aufklärung von großer Bedeutung und Wichtigkeit. Dies kann mittels Sozialberatung geleistet werden. Daher wird im nächsten Teil des Buches auf Sozialberatung und die Besonderheiten der Beratung von Menschen mit einer geistigen Behinderung, deren Angehörigen und dem betreuenden Fachpersonal eingegangen.

7 Beratung

Zu Beginn wird auf den Begriff der Beratung im Allgemeinen eingegangen. Beratung (im engl. counselling) ist eine Form der zwischenmenschlichen Kommunikation, wobei eine Person einer anderen Person dabei behilflich ist, Belastungen und Anforderungen aus dem Alltag zu bewerkstelligen (vgl. Nestmann/Sickendiek 2011, S. 109). Ebenfalls wird dabei geholfen, schwierige Probleme und Krisen zu bewältigen und zu beheben. Die Beratung kann dabei helfen, in undurchschaubaren kognitiven und emotionalen Situationen und Lebenslagen, sich neu zu orientieren und somit diese zu bewältigen (vgl. Nestmann/Sickendiek 2011, S. 109). Die beratende Person wird dabei unterstützt, Wahlmöglichkeiten abzuwägen, sich zwischen mehreren Alternativen zu entscheiden oder sich gewisse Optionen bewusst offen zu halten. Die Beratung ermöglicht somit aus neu gewonnenen Orientierungs- und Planungsschritten eine neue Zukunftsüberlegung zu gestalten. Ebenfalls hilft die Beratung dabei, die Planungsschritte zu realisieren aber auch zu reflektieren (vgl. Nestmann/ Sickendiek 2011, S. 109). Folgende Definition stellt die kommunikative, zielorientierte Prozesshaftigkeit von Beratung heraus: Der Große Brockhaus (1978) formuliert Beratung als einen Prozess, bei dem eine „Informationsvermittlung zwischen zwei Kommunikationspartnern […] zum Zwecke gemeinsamer Lösung meist eng abgrenzbarer, überschaubarer Einzelprobleme" (Brockhaus 1987, S. 38. zit. n. Sander 2003, S. 11) stattfindet.

Beratung kann in drei verschiedenen Settings stattfinden. So wird in informellen alltäglichen Konstellationen, in halbformalisierten Konstellationen oder professionellen Konstellationen beraten.

Bei der Beratung, die in alltäglichen Konstellationen stattfindet, handelt es sich um die unterschiedlichsten Beziehungen, bspw. familiäre, freundschaftliche, nachbarschaftliche oder kollegiale Beziehung. Den Hintergrund und das Wissen über die Beratung bilden zumeist die persönlichen Erfahrungen und Kompetenzen (vgl. Nestmann/Sickendiek 2011, S. 109). Diese Art der Beratung wird auch als die „Alltagsberatung" beschrieben oder als eine nicht- professionelle Beratung (vgl. Langhorst/ Schwill 2011, S. 48). Sie kann an den unterschiedlichsten Orten wie zuhause, im Büro, im Café, beim Spaziergang etc. stattfinden.

Bei der halbinformalisierten Beratung handelt es sich um eine Beratung, bei der Fachpersonal der verschiedensten helfenden Berufsgruppen in Erziehung, Bildung, Betreuung und Pflege ihre Berufsaufgabe wahrnehmen und jemanden beraten. Hierbei wird die Beratung nicht als eine offizielle Beratung ausgewiesen, da das Personal nicht dementsprechend ausgebildet oder angestellt ist. „Beratung ist hier so etwas wie eine „Querschnittsmethode", die andere Anleitungs-, Versorgungs- oder Unterstützungsleistungen durchzieht und ergänzt" (Nestmann/ Sickendiek 2011, S. 109). Sie findet im Kontext spezieller, institutioneller Settings statt.

Die professionelle Beratung hingegen ist formalisiert und eine eigenständige Hilfeform. Die professionelle Beratung findet durch ausgebildete Fachkräfte statt, die auf der Grundlage ihres Wissens über Beratungstheorien und Beratungstechniken beraten. Hierfür wurden sie methodisch geschult (vgl. Nestmann/ Sickendiek 2011, S. 109). Für eine gelungene Beratung müssen sie reflektierend und evaluierend vorgehen. Ebenfalls sind die berufliche Rolle und die Berater- Klient- Beziehung klar definiert und die Beratung findet in einem bestimmten Rahmen bspw. in einer Beratungsstelle statt. Beratung ist in der Sozialen Arbeit und der psychosozialen Versorgung, in der Medizin, im Bildungswesen und im Gesundheitswesen allgegenwärtig. Aber auch in „allen Bereichen des privaten und öffentlichen Lebens, der Wirtschaft und des Rechts, des Marktes etc." (Nestmann/Sickendiek 2011, S. 109) findet Beratung statt. Die professionelle Beratung richtet sich dabei an alle Altersgruppen, Frauen und Männer und an die verschiedensten kulturellen und ethnischen Minderheiten oder an „Risiko- und Problemgruppen" (vgl. Nestmann/ Sickendiek 2011, S. 109). Dabei kann die Beratung, präventive, akute oder rehabilitative Aufgaben erfüllen. Im Rahmen der Sozialen Arbeit kann eine Beratung nicht die Lebensschwierigkeiten in letzter Konsequenz lösen oder beheben. So muss sich die Beratung eher darauf beschränken, die Lebensschwierigkeiten zu reduzieren und zu mildern, sowie die Klienten dahingehend zu unterstützen, mit den Folgen des Problems besser leben zu können (vgl. Nestmann/Sickendiek 2011, S. 110). Hierbei ist die Beratung klar von der Psychotherapie abzugrenzen (vgl. Langhorst/Schwill 2011, S. 49), denn der Heildiskurs einer Psychotherapie unterschiedet sich klar von dem Hilfe- und Unterstützungsansatz der Beratung (vgl. Langhorst/ Schwill 2011, S. 49).

„Beratung zielt auf die Förderung und (Wieder-) Herstellung der Bewältigungskompetenzen der Klient(innen)en selbst und ihrer sozialen Umwelt, ohne ihnen die eigentliche Problemlösung abnehmen zu wollen" (Nestmann/Sickendiek 2011, S. 110).

Die Beratung ist als ein Handeln definiert, welches auf die Änderungen eines Zustandes der Hilfebedürftigkeit, egal wie dieser zustande gekommen ist, reagiert und auf die Bewältigung der Krise ausgerichtet ist (vgl. DBSH 2002, S. 3). Galuske beschreibt in Anlehnung an Thiersch drei Merkmale, die eine allgemeine Beratung kennzeichnen, welche unabhän-

gig von der Profession und des Arbeitsfeldes der beratenden Person gelten (vgl. Langhorst/Schwill 2011, S. 49).
Es ist immer ein spezifisches Rollenmuster zu erkennen. Es gibt eine klare Beziehung zwischen dem Ratsuchenden (Nutzer der Beratung) und der beratenden Person (Mittel zur Veränderung).

„Das Kommunikationsmedium der Beratung ist die verbale Verständigung, das Gespräch, das Zuhören und das Verstehen; eine wechselseitige Interaktion" (Langhorst/Schwill 2011, S. 49).

Die Schwere des Problems, über das beraten wird, darf nicht das Mittelmaß überschreiten. Der Ratsuchende muss in der Lage sein, sich an dem Beratungsprozess zu beteiligen und die nötigen Handlungsschritte umsetzen zu können (vgl. Langhorst/Schwill 2011, S. 49).

In der Sozialen Arbeit hat die Beratung bei der Lösung von Problemen und Konflikten in den letzten Jahren zunehmend an Bedeutung gewonnen. Im anschließenden Abschnitt werde ich auf die Sozialberatung als eine Form der Beratung eingehen.

7.1 Sozialberatung

„Soziale Arbeit verfolgt ihre Aufgaben [und Möglichkeiten professioneller Beratung], indem sie engagiert ist an den Bewältigungs-, Lern- und Bildungsansprüchen der Adressatinnen/Adressaten; sie agiert in der Vermittlung zwischen den Ansprüchen der Gesellschaft und des Subjektes, indem sie- in Anlehnung an Nohl formuliert- primär parteilich ist für dieses Subjekt und seine Probleme mit der Gesellschaft und nicht für die Probleme, die die Gesellschaft mit ihm hat (Nohl 1949). Soziale Arbeit geht von den Erfahrungen und Möglichkeiten des Subjektes aus und sucht mit ihnen, Möglichkeiten der Hilfe zur Selbsthilfe zu aktivieren; sie setzt auf Empowerment" (Thiersch 2007, S. 117. zit. n. Langhorst/Schwill 2011, S. 51).

Sickendiek, Engel und Nestmann betonen in Anlehnung an diese Aussage, dass die Sozialberatung heutzutage nicht ohne das Miteinbeziehen des individuellen Alltages der Klienten umsetzbar ist. Demnach ist von Beginn an festzuhalten, dass die Sozialberatung eine lebensweltorientierte Beratung darstellt (vgl. Langhorst/Schwill 2011, S. 51).

Die Sozialberatung ist „eine subjektangepasste, biographiebezogene, situationsadäquate, kommunikative, vermittelte und vereinbarte Unterstützungshandlung zur Verbesserung der Einsichts-, Entscheidungs- und Handlungsfähigkeit von Einzelnen, Gruppen und Institutionen" (DBSH 2002, S. 3). Wie bereits beschrieben, geht es sowohl um Entwicklungsmöglichkeiten, als auch darum, die ratsuchende Person zu empowern. Die

Sozialberatung muss sich immer auf die ganze Komplexität des Alltags der Klienten einlassen, um dessen ganzheitliche Struktur zu erkennen, zu verstehen und dementsprechend agieren zu können (vgl. Langhorst/ Schwill 2011, S. 51).

Dem Beratungsansatz wird immer ein Mangel oder eine Chance, eine Klärung oder Weiterentwicklung für den Ratsuchenden vorausgesetzt. Dies könnte bspw. sein:
- Informationen werden benötigt, um eine Entscheidung treffen zu können
- Entscheidungen werden getroffen und umgesetzt
- es liegen soziale Probleme vor
- ein Konflikt liegt vor
- der Ratsuchende befindet sich in einer Krise
- es wird eine fachliche Unterstützung gewünscht

Dabei ist die Sozialberatung immer an die folgenden drei Kennzeichen gebunden:
- Freiwilligkeit
- Situative Asymmetrie
- Problembezogenheit (vgl. DBSH 2002, S. 4)

Des Weiteren ist die Sozialberatung durch ihre Dauer, Gründlichkeit, Eindringlichkeit und den zumeist größeren Gegenstandsbereich von einer Alltagsberatung abzugrenzen (vgl. DBSH 2002, S. 6).

Eine Beratungsgespräch läuft in der Sozialen Arbeit mit unterschiedlicher Schwerpunktsetzung ab. Zu unterscheiden ist nach Auskunft, Beratung und Unterstützung. Unter Auskunft wird die Antwort auf eine sachliche Frage verstanden, unter Beratung die Erörterung der Rechtsstellung des Ratsuchenden im Hinblick auf seine Bedürfnisse und Wünsche. Sowie unter der Unterstützung die nötige Hilfe, um die formellen gesetzlichen Voraussetzungen zu erfüllen (vgl. Langhorst/Schwill 2011, S. 51). Beachtet man diese Kennzeichen einer Beratung, versteht man unter einer Sozialberatung einen auf einem sachlichen Inhalt beruhenden Beratungsprozess, welcher an der Lösung von konkret definierten Problemen oder Sachfragen orientiert ist, welche spezifische gesetzliche Voraussetzungen erfordert (vgl. Krüger 2011, S. 51). Dabei kann die Beratung diffuse aber auch spezielle Problembezüge haben. Durch Sickendiek, Engel und Nestmann wird die Definition von Sozialberatung noch um den Punkt der psychosozialen Perspektive erweitert, denn sie verstehen unter der Sozialen Beratung einen breitgefassten Begriff, der für die Gesamtheit beraterischer Hilfen in Problemfeldern steht. Die Beratung bezieht sich hier auch auf die „Schwierigkeiten von Individuen oder Gruppen in und mit ihrer sozialen Umwelt" (Sickendiek/Engel/Nestmann 2002, S. 17. zit. n. Langhorst/Schwill 2011, S. 51). Zudem bezieht sich die Sozialberatung zusätzlich auf die materiellen, rechtlichen und institutionellen Strukturen des Ratsuchenden und dessen Umfeld. Bei der Sozialberatung geht es darum, dass eine „ganzheitliche Hilfe" zu arrangieren ist, und darum, dass Anregungen immer mit Blick auf die Lebenswelt des Ratsuchenden vermittelt werden (vgl. DBSH 2002, S. 5).

Die Ratsuchenden sind in der Regel sozial benachteiligte und einkommensschwache Menschen. Hierzu zählen insbesondere Arbeitslose, Alleinerziehende, bildungsferne und geringverdienende Menschen. Die Ratsuchenden sind in der Regel damit überfordert, ihre Leistungsansprüche und ihre Bedürfnisse allein durchzusetzen und die damit verbundenen Probleme zu lösen (vgl. Langhorst/Schwill 2011, S. 52). Auf dem Hintergrund gestiegener, gesamtlebensweltlicher Komplexität und zunehmender Differenzierungen im Sozial- und Gesundheitswesen findet Sozialberatung zunehmend Nachfrage aus allen gesellschaftlichen Schichten. Hierbei sind die Probleme der Ratsuchenden so vielfältig, dass eine genaue Beschreibung derer hier nicht versucht wird.

Nach Ansen (2006) findet die Sozialberatung immer auf zwei Ebenen statt.

Auf der Ebene der sozialen Dimension geht es um die Bearbeitung und Bewältigung des akuten sozialen und /oder materiellen Problems, sowie die Bewältigung dessen Auswirkungen auf die Betroffenen, da sie den Alltag des Ratsuchenden erschweren (vgl. Ansen 2006 zit.n. Langhorst/ Schwill 2011, S. 52).

Auf der pädagogischen Ebene geht es darum, dem Ratsuchenden (Klienten) die nötigen Kompetenzen zu vermitteln, um langfristig die eigenen Konflikte zu erkennen, angemessen zu reagieren und im sich Bedarfsfall Hilfe einfordern zu können (vgl. Langhorst/Schwill 2011, S. 52) bzw. seine Handlungskompetenzen zu erweitern.

Bei der pädagogischen Ebene geht es konkret darum, wie die Ratschenden befähigt werden können, ihre lebenspraktischen Probleme selbständig zu lösen.

Dies stellt eine Gratwanderung zwischen "erledigen müssen" und die Klienten „selbst versuchen zu lassen", sowie zwischen "Bevormunden" und "Lernhilfe" dar. Die Ratsuchenden sollen Handlungsalternativen aufgezählt bekommen und wenn es möglich ist, die Entscheidung selbständig treffen (vgl. Langhorst/Schwill 2011, S. 53).

Die Sozialberatung soll folgende Leistungen erbringen:
- allgemeine Beratung über bspw. Sozialgesetze, Sozialleistungen usw.
- materielle Absicherung
- Unterstützung bei der Durchsetzung von Rechtsansprüchen
- Hilfe bei Behördenschriften

- Beratung bei persönlichen Problemen, wobei gegebenenfalls eine Weitervermittlung an Ärzte, Psychologen usw. notwendig ist
- Berücksichtigung des sozialen Umfelds, welches es zu aktivieren und bestärken gilt
- gegebenenfalls Gruppenberatungsangebote für bestimmte Zielgruppen, bspw. Arbeitslose, Jugendliche usw.
- Weitervermittlung an Behörden und Institutionen, im Bedarfsfall auch die Begleitung dorthin
- Weitervermittlung an sachkundige Rechtsanwälte
- Öffentlichkeitsarbeit
- Hausbesuche, wenn die Betroffenen aufgrund von Krankheit, Behinderung usw. nicht die Beratungsstelle aufsuchen können (vgl. Langhorst/Schwill 2011, S. 54).

Hierbei sollten die folgenden Rahmenbedingungen vorliegen:
- Beziehungsfähigkeit der Fachkräfte
- Kommunikations- und reflexive Fähigkeiten der Fachkräfte
- Kenntnisse im Sozialrecht
- abgeschlossenes Studium der Sozialen Arbeit oder Sozialpädagogik
- Beratungskompetenzen
- Kollegiale Praxisbegleitung
- genügend Zeit für die Vor- und Nachbereitung
- eigenes Büro
- die Möglichkeit, Störungen von außen Abzuschalten
- entsprechende Dokumentationsinstrumente
- eine notwendige technische Ausstattung bspw. Aufnahmegerät (vgl. DBSH 2002, S. 10).

Eine wichtige und nicht zu vergessende Aufgabe der Sozialberatung ist die Falldokumentation. Denn dies dient dazu, die gesammelten Informationen zusammen zu führen, aber auch die getane Arbeit abzusichern, falls diese infrage gestellt werden sollte. Die Dokumentation kann in Form einer Fallakte stattfinden. Des Weiteren muss eine Statistik über die Beratungsstunden und die Ratsuchendenanzahl als Arbeitsnachweis entweder gegenüber dem Arbeitgeber oder dem Träger geführt werden (vgl. Langhorst/Schwill 2011, S. 54).

Die Sozialberatung ist immer dann gefordert, wenn ein Mensch in der Bewältigung seines Alltages oder in der Lösung persönlicher Probleme scheitert oder zu scheitern droht. Aber auch wenn der Mensch in sozialen Schwierigkeiten steckt. An die Berater werden notwendige fachliche und persönliche Anforderungen gestellt. Zu den fachlichen Kompetenzen gehören, dass die Berater umfassende Kenntnisse über das Sozialrecht, rechtliche Rahmenbedingungen, Rechtsmittelverfahren und Rechtsmittelfristen, sowie zusätzliche Kenntnisse über Vertraulichkeit, Datenschutz und das Rechtsdienstleistungsgesetz haben. Die Mitarbeiter einer Beratungsstelle stellen Vermittler zwischen Klienten und öffentlichen Behörden dar und müssen daher sicher und kompetent im Umgang mit Behördenschriften, Anträgen und Formularen sein. Die Berater nehmen eine Brückenfunktion zwischen dem System der Hilfesuchenden und dem Hilfesystem ein. Dazu ist es sehr wichtig, dass sie die vorhandenen sozialen Einrichtungen in der Region sowie weitere relevante Anlaufstellen kennen, denn in diese müssen die Hilfesuchenden gegebenenfalls vermittelt werden. Sie dienen aber auch zur Kooperation und Vernetzung von Tätigkeiten (vgl. Langhorst/Schwill 2011, S. 56). Die Berater benötigen weiter wichtige persönliche Kompetenzen, damit eine Beratung gelingen kann. Die Berater benötigen ein Gespür für Nähe und Distanz sowie ein Gespür dafür, welche Ressourcen die Ratsuchenden mitbringen. Es ist wichtig, dass die Berater sich professionell abgrenzen können, jedoch aber genug Nähe bewahren, um die vorhandenen Eigeninitiativen der Klienten einschätzen zu können (vgl. Langhorst/Schwill 2011, S. 56). Des Weiteren werden eine hohe Konfliktbereitschaft und Kontaktfähigkeit benötigt. Frustrationen und Misserfolge müssen ausgehalten werden. Zudem sollten die Sozialberater ihre eigenen Grenzen erkennen und akzeptieren (vgl. Langhorst/schwill 2011, S. 56/57).

Die Sozialberatung kann in den verschiedenen Organisationsformen und Trägerformen stattfinden. Bei den Trägerformen ist zwischen den öffentlichen Trägern und freien Trägern zu unterscheiden. Die Sozialberatung kann aber auch als Teil einer anderen Dienstleistung der Sozialen Arbeit stattfinden oder als eigenständiges Angebot. Zu den öffentlichen Trägern der Sozialberatung gehören Träger der Sozialberatung nach dem Sozialgesetzbuch. Die Sozialleistungsträger sind nach dem Sozialgesetzbuch für die Organisation und Umsetzung der Sozialleistungen zuständig (vgl. Langhorst/Schwill 2011, S.58). Zu den freien Trägern der Sozialberatung gehören unter anderem kirchliche Träger und andere freie Träger wie kleinere eingetragene Vereine. Häufig findet die Beratung im Rahmen von spezialisierter Beratungsdienstleistung statt, hier ist die Beratungsstelle bspw. auf eine Zielgruppe oder ein bestimmtes Problemfeld spezialisiert. Die Sozialberatung findet zusätzlich oft in stationären Einrichtungen wie bspw. Krankenhäusern oder psychiatrischen Kliniken statt. Die allgemeine Sozialberatung findet aber auch in eigenständigen Dienstleistungssystemen statt. Hier hat ein freier oder ein öffentlicher Träger eine eigene Sozialberatungsstelle eingerichtet. An dieser Stelle besteht ein großer Vorteil darin, dass die Mitarbeiter darauf spezialisiert sind zu beraten und hierfür nochmals gesonderte Kenntnisse erworben haben (vgl. Langhorst/Schwill 2011, S. 58- 63).

7.1.1 Methodisches Handeln in der Sozialberatung

Im nachfolgenden Abschnitt seien die Möglichkeiten für einen zielgerichteten und professionellen Umgang mit den Ratsuchenden in einer Sozialberatung aufzuzeigen.

In Form von Casework oder Fallarbeit war die Beratung schon immer in der Sozialen Arbeit vertreten und eine sozialarbeiterische Strategie (vgl. Sickendiek/Engel/Nestmann 1999, S. 40). Diese Strategie wurde im Rahmen der Professionalisierung theoretisch und methodisch ausgebaut und zu einer der Methoden der Sozialen Arbeit entwickelt (vgl. Sickendieck/Engel/Nestmann 1999, S. 40).

Bei den methodischen Grundprinzipien der Sozialberatung ist die Parteilichkeit wohl eines der wichtigsten Prinzipien, die es hierfür gibt. Damit eine Sozialberatung gelingen kann und es eine stabile Vertrauensbasis zwischen dem Klienten und dem Berater gibt, ist es wichtig, dass realistisches Engagement seitens des Beraters für die Sache und den Klienten praktiziert wird. Die Ratsuchenden werden sich den Beratern nur anvertrauen, wenn sie sich sicher sind, dass diese in ihrem Sinne beraten und unterstützen (vgl. Langhorst/Schwill 2011, S. 203). „Die Fachkräfte müssen in der Lage sein, eine vertrauensvolle Beziehung zu den Ratsuchenden aufzubauen" (Belardi u.a., 2011, S. 62). Denn es wurde nachgewiesen, dass egal welche Methode angewendet wird, eine vertrauensvolle Beziehung zwischen Berater und Ratsuchendem unersetzbar ist (vgl. Belardi u.a. 2011, S. 61). „Unter professioneller Parteilichkeit ist eine qualifizierte Beratung in Form einer solidarischen Hilfe zu verstehen" (Langhorst/Schwill 2011, S. 203). Das Ziel ist immer die Hilfe zur Selbsthilfe, denn während des Beratungsprozesses sollen die Ressourcen des Klienten erkannt und gefördert werden, ohne dass der Klient dabei überfordert wird. Es ist wichtig, dass diese Ressourcen erkannt werden und im Rahmen der Möglichkeiten bei dem Beratungsprozess Berücksichtigung finden und somit zur Problemlösung beitragen. Das stärkt den Selbstwert des Ratsuchenden und wirkt Abhängigkeitsverhältnissen in der Beratung entgegen. Es gilt weiter, dass der Berater Verantwortung für den Prozess übernimmt, jedoch immer berücksichtigt, dass er nicht die Verantwortung für die Problemlösung hat (vgl. Belardi u.a. 2011, S. 61). Die Problemlösung erfolgt co-produktiv von Berater und Klient. Jeder übernimmt für seinen Teil Verantwortung. D. h. zum Beispiel, zeichnet der Berater für die eingesetzten Methoden und den Beratungsprozess verantwortlich und der Klient bringt die Sachinhalte und Veränderungsbereitschaft ein.

Dass ein Klient immer parteilich vertreten wird, ist jedoch leider keine Selbstverständlichkeit, vor allem dann nicht, wenn ein Träger der Sozialberatung auch gleichzeitig ein Träger der öffentlichen Sozialleistungen ist (vgl. Langhorst/Schwill 2011, S. 203). Es kann bspw. zu einem Interessenkonflikt kommen, und für einen Klienten ist es immer schwer, einem Sozialberater zu vertrauen, wenn dieser gegen ihn Sanktionen verhängen kann (vgl. Langhorst/Schwill 2011, S. 203). Aber auch dadurch, dass die Sozialarbeiter während ihrer „normalen' Tätigkeit beraten und es somit zu einer Kopplung von verschiedenen Funktionen kommt, kann es zu einem Problem während der Beratung kommen. Denn die Kopplung von Beratungsfunktionen auf der einen Seite und der Kontroll- Gewährungs- und Zwangsfunktionen auf der anderen Seite, können zu einem Interessenskonflikt für den/die Berater führen und somit die Vertrauensbasis stören (vgl. Sickendiek/Engel/Nestmann 1999, S. 41).

Zu den klassischen Methodentriade der Sozialen Arbeit gehören die: Gemeinwesenarbeit, soziale Einzelfallhilfe und die Gruppenarbeit. In den letzten Jahren kamen eine Vielzahl weiterer Methoden wie Projektarbeit und Supervision hinzu. Im nachfolgenden Abschnitt steht Sozialberatung, die sowohl als Einzelfallhilfe als auch im Sinne der Beratung von Gruppen wie Familie stattfinden kann, im Mittelpunkt. Zunächst wird aber auf die Gemeinwesenarbeit eingegangen, da sie für unseren Zusammenhang ebenfalls einen hohen Stellenwert hat. Gemeinwesenarbeit ist wie folgt definiert:

„Der Begriff Gemeinwesenarbeit [...] bezeichnet einen Prozess, in dessen Verlauf ein Gemeinwesen seine Bedürfnisse und Ziele feststellt, sie ordnet oder in eine Rangfolge bringt, Vertrauen und den Willen entwickelt, etwas dafür zu tun, innere und äußere Quellen mobilisiert, um die Bedürfnisse zu befriedigen, dass es also in dieser Richtung aktiv und dadurch die Haltung von Kooperation und Zusammenarbeit und ihr tätiges Praktizieren fördert" (Ross 1968, S.58. zit. n. Galuske 2013, S. 105).

„Gemeinwesenarbeit ist eine Methode, die einen Komplex von Initiativen auslöst, durch die die Bevölkerung einer räumlichen Einheit gemeinsame Probleme erkennt, alte Ohnmachtserfahrungen überwindet und eigene Kräfte entwickelt, um sich zu solidarisieren und Betroffenheit konstruktiv anzugehen. Menschen lernen dabei, persönliche Defizite aufzuarbeiten und individuelle Stabilität zu entwickeln und arbeiten gleichzeitig an der Beseitigung akuter Notstände (kurzfristig) und an der Beseitigung von Ursachen von Benachteiligung und Unterdrückung" (Karas/ Hinte 1978, S. 30f. zit. n.: Galuske 2013, S. 105).

Das Ziel der Gemeinwesenarbeit ist, gesellschaftliche Ungerechtigkeiten und Ungleichheiten aufzudecken und zu beseitigen (vgl. Krüger 2011, S. 207). Sie ist gekennzeichnet durch die folgenden Aspekte:
- Gemeinwesenarbeit bildet ihren Fokus nicht auf das Individuum, sondern auf ein großflächiges soziales Netzwerk (Stadtteil, Nachbarschaft, Gemeinde usw.)

- Gemeinwesenarbeit ist an der Kooperation zwischen den verschiedensten sozialen Diensten innerhalb des Gemeinwesens orientiert
- sie hat zum Ziel, dass sie die Individuen aktiviert, die vorhandenen Ressourcen nutzt und somit bestehende soziale Probleme beseitigt
- Gemeinwesenarbeit weicht von den Konzepten der Einzelfallhilfe und Gruppenarbeit ab und bildet somit eine andere Perspektive auf die Problemansicht (vgl. Galuske 2013, 105).
- Gemeinwesenarbeit legt ihren Fokus auf die Bewohner des Sozialraumes und deren geäußerte Interessen
- sie hat einen zielgruppenübergreifenden Ansatz
- professionelle und ehrenamtliche Arbeiter kooperieren und arbeiten gemeinsam (vgl. Blandow/Knabe/Ottersbach 2012, S. 8)
- die vorhandenen Ressourcen werden genutzt, einerseits wird das vorhandene Potenzial des Stadtteils genutzt, aktiviert und gefördert (persönliche und soziale Ressourcen einzelner Menschen), andererseits werden auch die materiellen und infrastrukturellen Ressourcen genutzt (vgl. Lüttringhaus 2007, S. 279).

Bei der sozialen Einzelfallhilfe handelt es sich um die am meisten angewandte Methode der Sozialen Arbeit. Sie ist in den USA in den 1920er Jahre entstanden. Heute ist sie in unterschiedliche Ansätze wie eben zum Beispiel Sozialberatung, wenn im Einzelsetting beraten wird, oder Casemanagement als spezifische, strukturierte Vorgehensweise in der Fallarbeit/-begleitung ausdifferenziert.

Die drei Kennzeichnungen der Einzelfallhilfe lauten: „Aktivierung des Umfeldes von Hilfebedürftigen", „Ressourcenerschließung" und „Hilfe zur Selbsthilfe" (Langhorst/Schwill 2011, S. 208). Wie der Name sagt, liegt der Schwerpunkt auf der Beratung, Begleitung, Unterstützung von Einzelpersonen, wobei sie auf ein ganzheitliches Vorgehen angelegt ist (vgl. Langhorst/Schwill 2011, S. 208). Dies findet vor dem Hintergrund eines ökologisch orientierten, kontexteinbeziehenden, biopsychosozialen Menschenbildes statt. Hierbei geht es zum einen darum, die Betroffenen zu unterstützen sowie familiäre Bezüge zu berücksichtigen, zum anderen aber auch darum, dass alle auftretenden Schwierigkeiten im Lebenskontext gesehen und verstanden werden. Durch die vorhandene Komplexität hat das Organisieren einen hohen Stellenwert (vgl. Langhorst/Schwill 2011, S. 208). Auf die Einzelfallhilfe hat Carl Rogers mit seinem klientenzentrierten und nicht- direktiven Beratungsansatz einen großen Einfluss gehabt. „Zudem wurde die Einzelfallhilfe dahingehend weiterentwickelt, dass Lösungen nicht mehr allein bei der Person gesucht werden, sondern dass auch in der Lösungsfindung die Situation berücksichtig wird, d. h., dass das Umfeld in die Problemlösung mit einbezogen wird" (Langhorst/

Schwill 2011, S. 208). Für unseren Kontext der Elternschaft von Menschen mit geistiger Behinderung ist genau dies von bedeutender Relevanz.

Das Konzept des Empowerments ist von hoher Bedeutung, wenn wir uns mit Einzelfallhilfe für Menschen mit geistiger Behinderung beschäftigen. Daher sei im Folgenden auf Empowerment einzugehen. Der Begriff des Empowerments kann mit „Selbst-Bemächtigung", „Selbst- Ermächtigung" oder mit „Selbstbefähigung" übersetzt werden und stammt aus den USA (vgl. Theunissen 2013, S. 27). Theunissen und Plaute definieren Empowerment als einen Prozess in dem „Betroffene" (bspw.: Menschen mit Behinderung, psychisch Kranke, Menschen im Alter) ihre Angelegenheiten selbst in die Hand nehmen. Hierbei werden sie sich ihrer eigenen Fähigkeiten bewusst, entwickeln eigene Kräfte und nutzen soziale Ressourcen (vgl. Theunissen/Plaute 2002, S. 12). Mit Empowerment werden Strategien und Maßnahmen bezeichnet, die den Grad an Autonomie und Selbstbestimmung im Leben von Menschen oder Gemeinschaften erhöhen sollen und es ihnen ermöglichen, ihre Interessen (wieder) eigenmächtig, selbstverantwortlich und selbstbestimmt zu vertreten (vgl. auch Herriger 2014). Empowerment bezeichnet hierbei sowohl den Prozess der Selbstbemächtigung als auch die professionelle Unterstützung der Menschen (vgl. Theunissen/ Plaute 2002, S. 40; vgl. auch Punkt 3.3). Im Prozess des Empowerments werden die Menschen nicht weiter defizitorientiert betrachtet, stattdessen werden die individuellen Stärken, Fähigkeiten und Potentiale in den Mittelpunkt gerückt. Diese gilt es zu entfalten. Es ist also ein ressourcenorientierter Ansatz.

Von diesem sehr facettenreichen Hintergrund der Bedeutung des Begriffs Empowerment, lassen sich vier zentrale Zugänge ableiten und unterscheiden. Als Erstes verweist der Begriff des Empowerments auf Selbstverfügungskraft. Unter Selbstverfügungskräften werden vorhandene Stärken oder individuelle Stärken verstanden, die es dem Bewohner ermöglichen, Problemlagen, Krisen, Konflikte oder Belastungen im Alltag aus eigener Kraft heraus zu bewältigen, sowie ihr Leben in eigener Regie und nach ihren eigenen Bedürfnissen heraus zu realisieren (vgl. Theunissen 2013, S. 27). „Ein Mensch mit kognitiver Beeinträchtigung, der sich seiner Schwächen bewusst ist und damit souverän umzugehen weiß, wäre demnach eine empowered person" (Theunissen 2013, S. 27). Als Zweites wird unter dem Begriff Empowerment eine politisch ausgerichtete Macht und Durchsetzungskraft verstanden. Damit ist gemeint, dass Menschen in einer Position der relativen Ohnmacht versuchen, sich zu politischer Einflussmaßnahme zu emanzipieren (vgl. Theunissen 2013, S. 28). Empowerment steht an dieser Stelle für politische Aktionen und Erfahrungen von unterdrückten Gruppen. Drittens versteht man unter Empowerment, im reflexiven Sinne, einen Prozess, in welchem Randgruppen der

Gesellschaft ihre Angelegenheiten selbst in die Hand nehmen. Unter der Berücksichtigung, dass sie sich ihrer eigenen Würde und Fähigkeiten bewusst sind, sich selbst Handlungs- und Wissenkompetenzen aneignen und soziale Ressourcen nutzen (vgl. Theunissen 2013, S. 28). „Leitgedanke ist hier die selbstbestimmte, eigenständige- verantwortliche Bewältigung und Gestaltung des eigenen Lebens durch die Selbstaneignung von Lebenskräften" (Herriger 2006, S.16. zit. n. Theunissen 2013, S. 28). Viertens wird Empowerment auch im transitiven Sinne benutzt, was bedeutet, dass einzelne Empfänger sozialer Dienstleistungen dazu angeregt und befähigt werden sollen, Vertrauen in ihre eigenen Ressourcen zu entwickeln, ihre eigenen Angelegenheiten selbständig zu regeln, sich aber auch gegenüber anderen behaupten zu können (vgl. Theunissen 2013, S. 28).

Als weitere wichtige Methode innerhalb der Einzelfallhilfe wurde das Casemanagement schon angesprochen. Die Menschen, die zu einer Sozialberatung gehen, leiden oft an sehr umfangreichen und vielschichtigen Problemen, was es ihnen erschwert, die richtige Hilfe zu finden. Daher dient die Sozialberatung oftmals zur Angebots- und Sozialraumorientierung, was bis hin zur strukturierten Begleitung bzw. Hilfeorganisation und Evaluation der Hilfeleistungen führen kann. D. h., es kann sich ein Casemanagement daraus entwickeln bzw. initiiert werden. So können zum Beispiel gezielt die nötigen Hilfen in die Wege geleitet werden (vgl. Langhorst/Schwill 2011, S. 209). In den meisten Bereichen sind die Kooperation und Koordination, bezogen auf ein informelles und formelles Netzwerk der Sozialarbeiter/ Casemanager unumgänglich. Sie müssen hier immer mehr eine Aufgabe der „Steuerung" übernehmen, um somit die verschiedenen Hilfen zielorientiert miteinander und untereinander zu verknüpfen (vgl. Langhorst/Schwill 2011, S. 209). Der Begriff Casemanagement steht somit für die „Fallführung in Koordination und Kooperation für die Beteiligten" (Langhorst/Schwill 2011, S. 209). Hierbei werden die notwendigen Hilfen und Unterstützungen durch die Sozialarbeiter für die Betroffenen, ggf. mit den Betroffenen (mindestens in Absprache) organisiert und eingeleitet. Beim Casemanagement ist die Arbeitsweise ein nutzer- und ressourcenorientiertes Vorgehen. Es wird systematisch in einzelnen Schritten vorgegangen (vgl. Wendt 2011, S. 216). Das Casemanagement beginnt in der direkten Arbeit mit der Person, indem über das Engagement eines Falles entschieden wird. Das Casemanagement endet nach der Vereinbarung mit der Evaluation.

Ein Casemanager übernimmt während dieses Prozesses folgende Aufgaben:
– Türöffner und Lotse (gatekeeper) im Netzwerk der Versorgung
– Planund und Organisation
– Vermittlung der Funktion von Diensten (broker)

- Koordination und Kontrolle
- eine fördernde und unterstützende Funktion (suporting)
- eine anwaltliche Funktion, im Interesse der Klienten (advocacy)

Die hier aufgelisteten Funktionen sind in den einzelnen Gebieten der Anwendung von Casemanagement immer unterschiedlich ausgeprägt (vgl. Wendt 2011, S. 216). Das Casemanagement wird auch Unterstützungsmanagement genannt, manchmal auch als Case- Management geschrieben und ist für die verschiedenen Abläufe der notwendigen Hilfe zuständig. Das individuelle Absprechen der einzelnen Leistungen stellt das zentrale Steuerungselement des Casemanagement dar. „Case- Management ist also eine bestimmte Art und Weise die Einzelfallhilfe technisch umzusetzen" (Langhorst/Schwill 2011, S. 209). Langhorst und Schwill (2011) sind der Auffassung, dass die Methoden der Gemeinwesenarbeit, Einzelfallhilfe, Case- Management und Empowerment ein hervorragendes Grundgerüst für die Sozialberatung darstellen, „denn so wird zum einen der Mensch mit seinen Stärken umfassend erfasst und gefördert, zum anderen wird sein Umfeld mit einbezogen, das zusätzliche Unterstützung bietet" (Langhorst/Schwill 2011, S. 209). Die Mitarbeiter der Sozialen Arbeit, gehören zwar auch zu Teams der klassischen Beratungsstellen, beraten jedoch auch viel mehr im Rahmen ihrer „normalen' Berufstätigkeit. Somit ist die Sozialberatung immer viel näher an den konkreten Lebenslagen der Klienten dran (Sickendiek/ Engel/ Nestmann 1999, S. 41). Fromann hat 1976 daher formuliert, dass die Perspektive der Sozialberatung sehr „alltagsnah handlungs- und problemorientiert" ist (Fromann u.a. 1976, S. 717. zit. n. Sickendiek/Engel/Nestmann 1999, S. 42). Daraus ergeben sich für Fromann drei verschiedene Dimensionen der Beratung: Zum einen die Akzeptanz des Ratsuchenden, zum zweiten die Umdefinition der Lebenslagenprobleme und zum dritten die Partizipation des Klienten beim Handeln und Umdenken (vgl. Sickendiek/Engel/Nestmann 1999, S. 42).

Damit eine Sozialberatung gelingen kann und erfolgreich ist, ist es von großer Wichtigkeit, dass die Berater an regelmäßigen Supervisionen und Praxisberatungen teilnehmen. Denn hier kann das eigene Handeln und dessen Wirkungen diskursiv reflektiert und überprüft werden. Zudem können entstandene Probleme mit anderem Fachpersonal diskutiert und evtl. behoben werden (vgl. Langhorst/Schwill 2011, S. 209).

7.1.2 Gesprächsführung in der Sozialberatung

Damit eine Sozialberatung professionell und zielgerichtet durchgeführt werden kann, benötigt die beratende Person Sachkenntnisse, Organisationsgeschick, Empathie, Verständnisfähigkeit, Einschätzungsvermögen und Kontaktfähigkeit im Umgang mit der Klientel als auch im Umgang mit Mitarbeitenden aus Behörden- und anderen Einrichtung (vgl.

Langhorst/Schwill 2011, S. 210). Das Gespräch an sich besteht aus zwei Anteilen, zum einen aus dem psychosozialen Teil und zum anderen aus dem sachlich klärenden Teil. Bei dem psychosozialen Teil geht es darum, dass den Klienten die Möglichkeiten gegeben werden, ihre Probleme mitzuteilen. Dies soll zu einer Entlastung bei den Klienten führen (vgl. Langhorst/ Schwill 2011, S. 210). Bei dem sachlichen Teil geht es darum, dass die Fragen und Informationen der Klienten durch die Berater erkannt und strukturiert werden. Hier wird klar, worin sich die Sozialberatung von einer Alltagsberatung unterscheidet, denn bei der Sozialberatung ist die Anwendung von Gesprächstechniken unabdingbar. In der Sozialberatung liegt der Schwerpunkt auf dem zweiten Teil, der Strukturierung und Ordnung. Denn bei der Sozialberatung geht es darum, Wissen zu vermitteln sowie Verhandlungen über Vorgehensweisen zu führen und das Eröffnen von neuen Wegen zu bewirken (vgl. Langhorst/ Schwill 2011, S. 210). Fach- und Prozessorientierung fließen in der Sozialberatung zusammen.

Eine effektive Beratung zeichnet sich durch das angemessene Verwenden eines lenkenden (direktiven) und/ oder nicht lenkenden (nicht-direktiven) Beratungsstils aus. Es ist immer wieder wichtig, sich an den Ressourcen der Klienten zu orientieren und dementsprechend zu handeln. Wichtig ist es, dass die Sozialberatung nicht zur Aufgabe hat, für die Klienten die Entscheidungen zu treffen, sondern ihnen Alternativen aufzuzählen und sie so zu beraten, dass die Klienten selbst in der Lage sind, ihre eigenen Entscheidungen zu treffen und umzusetzen (vgl. Langhorst/ Schwill 2011, S. 211). Zu Beginn einer Beratung ist es immer wichtig, die Vertrauenssituation zu klären, da sich diese deutlich vom Alltag unterscheidet (vgl. Belardi u.a.2011, S. 61). Ein sicherer Schutzraum wird benötigt, in dem sich alle Beteiligten sicher fühlen und somit Hilfe-Erwartungen erfüllt werden können, aber auch Ängste beseitigt werden (vgl. Belardi u.a. 2011, S. 61).

Im Rahmen des Gesamtberatungsprozesses werden nicht selten mehrere Gespräche, zum Teil mit verschiedenen beteiligten Personen geführt. So können unter Einhaltung des Datenschutzes und der Regelungen zur Schweigepflicht Gespräche mit den Klienten, Kollegen und Behörden geführt werden. Die verschiedenen Gespräche unterscheiden sich natürlich in ihrem Ablauf, sowie in der Vor- und Nachbereitung.

Im Folgenden sei auf die Gesprächsführung innerhalb eines Beratungsgespräches mit einem Klienten eingegangen. Nach der Gesprächseröffnung gilt es, direkt das Anliegen des Klienten zu klären und ob die besuchte Beratungsstelle die passende für das Anliegen ist. Wäre das nicht der Fall, sollen Alternativen aufgezeigt werden. Damit die Klienten im weiteren Verlauf des Beratungsprozesses mitarbeiten und im Sinn einer co-produktiven, personenbezogenen Dienstleistung von Sozialberatung vorgegangen werden kann, ist es von großer Wichtigkeit, den Klienten direkt am Anfang mit seinem Anliegen, beabsichtigten Vorgehensweisen, Ressourcen etc. einzubeziehen. Der Empowerment-Ansatz bietet dazu eigen gute Orientierung (vgl. Ansen 2006, S. 137). Als Zweites kommt die Unterstützung des Gesprächspartners. Hierbei geht es darum, dem Klienten die notwendige Hilfestellung zu geben, damit er seine Probleme vertrauensvoll, offen darstellen kann. Hierbei ist es von großer Wichtigkeit, den Klienten genügend Zeit zu lassen (vgl. Ansen 2006, S. 114) und Vertraulichkeit sowie die Schweigepflicht zu betonen. Im nächsten Schritt, der Konfrontation steht das behutsame Darauf-aufmerksam-machen an, wenn der Klient das erkennbare Problem auslässt oder ausblendet. Hierbei sollte jedoch darauf geachtet werden, dass es für den Klienten nicht zu einer peinlichen Situation kommt (vgl. Ansen 2006, S. 132). Im vierten Teil des Gespräches geht es darum, wenn Verständnisfragen auftreten, diese zu klären, hierzu nachzufragen, damit keine falschen Schlüsse gezogen werden. Hierbei ist es wichtig, offene Fragen zu stellen, damit die Antwortmöglichkeiten nicht vorgegeben werden. D. h., keine Entweder-Oder Fragen aber auch keine Warum Fragen zu formulieren (vgl. Ansen 2006, S. 135). Im fünften Teil des Gesprächsverlaufes geht es darum, Problemlagen, die dem konkreten Beratungsanliegen nicht entsprechen und/oder im konkreten Beratungsgespräch nicht geklärt werden können, vorläufig auszublenden, sprich zur Seite zu legen (vgl. Langhorst/ Schwill 2011, S. 213). Im nächsten Teil werden das Gespräch und das Gesprächsergebnis kurz zusammengefasst. Die Zusammenfassung dient dem Berater zur Überprüfung, ob das Gesagte richtig verstanden wurde. Zusätzlich wird dem Ratsuchenden durch die Zusammenfassung gezeigt, dass der Berater mit dem zu Beratenden ein Lösungsinteresse hat, an seiner Entwicklung interessiert ist und die bisherigen Aussagen akzeptiert (vgl. Ansen 2006, S. 135). Weiter werden Inhalte und weitere Vorgehensweisen fokussiert und nachhaltiger verankert. Eine Beendigung des Gespräches kann sich entweder aus dem Gespräch heraus ergeben oder bewusst herbeigeführt werden. Sollte das Gespräch zu keinem Ergebnis geführt habe, sollte ein weiterer Termin vereinbart werden (vgl. Langhorst/ Schwill 2011, S. 213).

Um die nötigen Informationen von den Klienten zu erhalten, ist es wichtig, dass die beratende Person darauf achtet, dass das Beratungsgespräch in einer angenehmen Atmosphäre stattfindet, in der das offene Sprechen über vorhandene Probleme möglich ist. Wie schon beschrieben ist es von großer Bedeutung, dass die Sozialberater emphatisch und einfühlsam sind, da die Beziehungsebene neben der Sachebene während des gesamten Gespräches eine wesentliche Rolle spielt (vgl. Langhorst/

Schwill 2011, S. 214). Wichtig ist ebenfalls, dass das Gespräch nicht nur auf der verbalen Ebene sondern auch auf der nonverbalen Ebene stattfindet, und die beratende Person die nonverbalen Zeichen des Klienten zu deuten weiß (vgl. Langenhorst/ Schwill 2011, S. 214). Neben verschiedenen Beratungstechniken, die zum Einsatz kommen, ist der Beziehungsaufbau besonders relevant für den weiteren Verlauf, die Motivation des Klienten und am Ende die Qualität des Gespräches. Eine vertrauensvolle, konstruktive und damit zum Ziel führende Beziehung wird durch positive Kontaktgestaltung und Sachlichkeit aufgebaut. Dadurch trauen sich Klienten eher, über ihre tatsächlichen Probleme zu sprechen. Eine gute Atmosphäre beginnt schon durch eine persönliche Begrüßung und angenehme Raumgestaltung. Es ist vor allem aber auch darauf zu achten, dass Klienten während des Beratungsgespräches auch das Anrecht auf Ruhe und ihr Tempo haben sowie nicht zu Aussagen gezwungen werden.

Nach Ansen (2006) sollen in den verschiedenen Beratungsabschnitten die verschiedenen Frageformen verwendet werden:
- Geschlossene Fragen (um wichtige konkrete Informationen zu erhalten) – Haben sie für die nächste Woche noch ausreichend Geld?
- Offene Fragen (lassen eine ausführliche Antwortmöglichkeit zu) – Was wünschen sie sich für ihre Zukunft?
- Reflektierende Fragen (soll die Ratsuchenden zu einer Reflexion veranlassen) – Wie können sie sich erklären, dass sie sich immer wieder Geld leihen müssen?
- Ressourcenaufdeckende Fragen (Klienten sollen ihre Stärken erkennen) – Wie haben sie es geschafft die letzten Tage mit so wenig Geld auszukommen?
- Bilanzierende Fragen (diese betreffen den erreichten Zustand, damit von dort an weitergearbeitet werden kann) – Was haben sie bis jetzt erreicht, um ihre Schulden abzubauen? (vgl. Ansen 2006, S. 145).

Damit die Sozialberater an die notwendigen Informationen gelangen und das Gespräch effizient verläuft, sollten sie folgende Anhaltspunkte beachten:
- das Gespräch sollte frei und offen verlaufen
- Hypothesen sollen aufgestellt werden, denn durch diese werden Informationen gewonnen, welche kritisch hinterfragt werden können
- Rückversicherung durch Rückfragen
- thematische Einigung, hierbei werden sich die Berater und die Klienten über den Sachverhalt einig
- Selbstexploration, hier sollte sich der Sozialberater zurücknehmen, aber darauf achten nicht den Kontakt zu den Klienten zu verlieren
- Ängste, die sichtbar werden, müssen behutsam thematisiert werden

- heuristisches Findeverfahren, hier wird ein Lösungsweg entdeckt, der sich von dem bisher bekannten unterscheidet (vgl. Belardi u.a. 2011, S. 81).

Die in einem Gespräch zusammengetragenen Informationen müssen durch die Berater zusammengefasst und angemessen verwendet werden. In einem Gespräch mit den Klienten ist es immer wichtig, dass eine angemessene Sprache verwendet wird. Dies ist in den meisten Fällen die „Leichte Sprache, oder „einfache Sprache", was in der Beratung von Menschen mit geistiger Behinderung erhöhte Brisanz und Relevanz hat (vgl. Punkt 7.2). Ebenfalls ist zu beachten, dass die Sozialberater und die Klienten oft nicht dieselben Wert- und Normvorstellungen haben (vgl. Belardi u.a. 2011, S. 64). Die Gesprächshaltung sollte sich immer durch Echtheit und Engagement auszeichnen. Ebenfalls ist es wichtig, dass in allen Gesprächen sich die Sozialberater den Klienten anpassen müssen und es nur schwer ist eine „allgemeine Anleitung" zu geben. Die hier aufgezählten Methoden und Techniken dienen als Anregungen und Richtlinien.

Zum Schluss sei betont, dass die Klienten auf keinen Fall durch den/die Sozialarbeiter zu etwas überredet werden sollen, ihnen gedroht wird, sie nicht ernst genommen werden oder ihnen sofort ein Lösungsweg vorgeschlagen wird (vgl. Ansen 2006, S. 155).

7.2 Besonderheiten der Beratung von Menschen mit geistiger Behinderung

Dieser Abschnitt fokussiert auf die Besonderheiten der Beratung von Menschen mit einer geistigen Behinderung. Dabei wird der Zusammenhang zur, mit der Sozialberatung stets verfolgt.

In den letzten Jahrzehnten orientierten sich die Beratungsangebote für Menschen mit einer geistigen Behinderung an einem sogenannten Laien- und oder Co-Therapeutenmodell. Hierbei gelten die Ratsuchenden als Laien oder gar Patienten und die Berater als die Experten (vgl. Theunissen 2007, S. 53). In diesen Modellen wird von den Klienten erwartet, dass sie sich an die Sicht der Berater halten und dessen Entscheidungen zu akzeptieren haben. Zum Glück hat der Paradigmenwechsel auch hier zu einem Umdenken geführt. Denn es ist erkannt worden, dass Menschen mit wie ohne geistige Behinderung die Experten ihrer eigenen Lebenswelt sind. Somit ist es wichtig, dass nicht allein Ratschläge erteilt werden, sondern dass Prozesse angeregt werden sollen, die dazu führen, dass die ratsuchende Person ihre eigenen Ressourcen entdeckt. Die eigenen entdeckten Ressourcen sollen dazu führen, dass der Mensch mit einer geistigen Behinderung mehr Kontrolle über sein eigenes Leben erlangt

(vgl. Theunissen 2007, S. 53). Hierbei ist es von großer Bedeutung, dass Berater und Klienten gemeinsam an einer Lösung arbeiten, anstatt die Probleme zu fokussieren und zum Verschwinden zu bringen (vgl. Theunissen 2007, S. 53). An dieser Stelle unterscheidet sich die Beratung von Menschen mit einer geistigen Behinderung nicht zu der eines Menschen ohne Behinderung. Jedoch setzt grundsätzlich ein „Beratungsgespräch ein gewisses Maß an Verbalisierungs- und Reflexionsfähigkeiten voraus" (Theunissen 2007, S. 54). Die sprachliche Ausdrucksform kann durch die Nutzung von verschiedensten Kommunikationsmitteln kompensiert werden, dennoch bleiben im Gespräch mit Menschen mit (ausgeprägter) geistiger Behinderung manchmal Grenzen hinsichtlich der kognitiven Entwicklung und des damit einhergehenden Verständnisses von Zusammenhängen bzw. kognitiver Verarbeitungsmöglichkeiten (vgl. Theunissen 2007, S. 54). Trifft dies zu, ist eine stellvertretende Problemlösung notwendig. Bei der Beratung von Menschen mit einer geistigen Behinderung, muss der Berater fünf spezielle handlungsorientierte Prinzipien explizit beachten:
- Schaffung von Sicherung einer Vertrauensbasis
- Empathie und Wahrnehmung einer gut reflektierenden Dolmetscherfunktion,
- Geduld zeigen und auf den Zeitrhythmus des Ratsuchenden achten,
- je nach Situation Wahrnehmung einer Stellvertreter- oder „Hilfs-Ich"-Funktion bei der Lösung von Problemen,
- Kooperation mit relevanten Bezugspersonen (Theunissen 2007, S. 54).

Die Sprache spielt in der Beratung eine zentrale Rolle, daher wird im nächsten Teil auf die leichte Sprache eingegangen, denn es lohnt sich nicht nur, sondern ist für den Beratungserfolg unerlässlich, dass der Berater herausfindet, was der Mensch, der ihm gegenübersitzt, versteht und was nicht. Es ist zu beobachten, dass Menschen nicht nachfragen, wenn sie etwas nicht verstanden haben und so geht es Menschen mit einer geistigen Behinderung ebenfalls, vielleicht sogar noch mehr (vgl. Hermes 2017, S. 80). Daher ist es sehr wichtig, dass in einem Beratungsgespräch mit Menschen mit einer geistigen Behinderung die Leichte Sprache verwendet wird. Aber was ist die Leichte Sprache?

Die Leichte Sprache wurde entwickelt, damit in Zukunft nichts mehr über die Köpfe hinweg von Menschen mit geistiger Behinderung entschieden wird, sondern sie mitentscheiden können (vgl. Hermes 2017, S. 75/76). Die Leichte Sprache ist somit ein weiterer wichtiger Baustein auf dem Weg zur Barrierefreiheit. Aber auch Menschen, deren Muttersprache nicht Deutsch ist, können durch das Verwenden von Leichter Sprache besser das Gesagte verstehen.

„Schwere Sprache grenzt Menschen mit Lern-Schwierigkeiten aus. Darum soll es Leichte Sprache geben. Damit Menschen mit Lern-Schwierig-

keiten mitreden können. Damit Menschen mit Lern-Schwierigkeiten alles verstehen können. In Deutschland arbeiten seit mehr als 10 Jahren verschiedene Menschen an der Leichten Sprache. Mensch zuerst hat das erste Wörterbuch für Leichte Sprache gemacht" (Hermes 2017, S. 77).

Wie man anhand des Zitates sehen kann, verfolgt die Leichte Sprache verschiedene Regeln. Die wichtigsten Regeln sind:
- keine Fremdwörter benutzen
- einfache Wörter verwenden
- konkrete Wörter benutzen
- Verben und Aktiv statt Passiv verwenden
- bildliche Sprache und Redewendungen vermeiden
- einen einfachen Satzbau verwenden (Subjekt, Prädikat, Objekt)
- keine Ironie oder Sarkasmus verwenden
- Verneinungen vermeiden
- Konjunktive vermeiden (vgl. Hermes 2017, S. 80)

Es ist wichtig, dass der Berater dem Klienten das Gefühl gibt, dass er wirklich daran interessiert ist, dass dieser etwas versteht und ihn nicht bloßstellen möchte. Neben der Leichten Sprache ist es notwendig, auf die in der Regel offen gestellten Fragen in der Beratung zu verzichten bzw. die notwendigen Fragen so offen wie möglich, aber so konkret wie nötig zu gestalten. Denn durch offene Fragen werden zwar Denkprozesse angeregt, aber sie können Menschen mit einer geistigen Behinderung auch überfordern (vgl. Hermes 2017, S. 82). Ebenso wie die offenen Fragen sind Metaphern ein beliebtes Stilmittel in der Beratung, was auch sinnvoll ist. Denn aus neuropsychologischer Sicht sprechen Metaphern eher die rechte Hemisphäre an (Emotionalität und Ganzheitlichkeit). Daher können durch Metaphern ein Aha-Effekt ausgelöst werden. Die linke Hemisphäre ist für die nüchternen und logischen Sachen zuständig. Um also eine Metapher zu verstehen, muss ein bestimmtes kognitives Niveau vorliegen, trifft dies nicht zu, kann das Stilmittel der Metapher eher zu Verwirrung führen. Daher sollte in einer Beratung mit Menschen mit einer geistigen Behinderung auf Metaphern verzichtet werden (vgl. Hermes 2017, S. 86-87). Eine weitere Grundlage bei der Beratung von Menschen mit einer geistigen Behinderung ist es UND statt ABER zu benutzen. Denn wenn man ein Aber nach einer Aussage benutzt, bedeutet dies meistens, dass die erste Aussage aufgehoben wird. Das Aber führt unser Gehirn dazu zu denken, dass nur eine von zwei Optionen richtig sein kann. Ein Und hingegen vermittelt die Möglichkeiten eine der beiden Optionen zu nutzen (vgl. Hermes 2017, S. 92). Hermes (2017) hält für die Beratung zwei Funktionen von Und für sehr wichtig.

„Für den Klienten: Mit einem Und wird anerkannt, was im Leben so oft der Fall ist: dass man zwei widersprüchliche Gefühle, Gedanken, Hand-

lungsimpulse gleichzeitig hat. „Ich hasse ihn, wenn er zu viel trinkt. Aber ich liebe ihn irgendwie immer noch" – das impliziert, dass man den Partner entweder hassen muss oder lieben darf und ihn eigentlich verlassen müsste, wenn er weiter trinkt. Umgewandelt in „Ich hasse ihn, wenn er zu viel trinkt. Und irgendwie liebe ich ihn (gleichzeitig) immer noch" klingt sehr viel versöhnlicher und erlaubt der Klientin möglicherweise, ihren Frieden mit dieser Ambivalenz zu machen – und sich von nun an bewusster zu entscheiden oder auch bewusst nicht zu entscheiden.

Für den Berater: Ein Und hilft, in der eigenen Haltung offen zu sein und die inneren Kämpfe der Klienten zu respektieren, zum Beispiel bei frühkindlicher Traumatisierung: Es stimmt, dass sie allen Grund haben, böse auf die Welt zu sein, und dass das Leben ungerecht zu ihnen war. Und gleichzeitig können sie sich nur weiterentwickeln, wenn sie lernen, ihre Spannungszustände zu kontrollieren" (Hermes 2017, S. 93/94).

Der zeitliche Rahmen einer Beratung bei Menschen mit einer geistigen Behinderung sollte reduzierter sein, als bei einer Beratung von Menschen ohne geistige Behinderung. Denn die Konzentration und Aufmerksamkeitsspanne ist bei Menschen mit einer geistigen Behinderung oft reduziert (vgl. Hermes 2017, S. 95). Eine "normale" Beratung dauert häufig zwischen 50 und 60 Minuten, jedoch lässt bei den meisten Klienten mit einer geistigen Behinderung die Aufmerksamkeit bereits nach ca. 20 Minuten nach. Der zeitliche Rahmen sollte also flexibel gestaltet werden und den Klienten angepasst sein.

Bei der Beratung ist es immer wichtig sich an den Klienten zu orientieren, denn sie sind die Experten in ihren eigenen Angelegenheiten. Wenn bei der Beratung systemisch vorgegangen wird, werden auch oft Gegenstände oder andere Materialien genutzt, um etwas darzustellen und den Klienten zu verdeutlichen. Dies ist gerade im Umgang mit Menschen mit einer geistigen Behinderung sehr wichtig, denn ihnen hilft es sehr oft, das Gesagte zu verstehen, wenn es visualisiert wird. Aber es dient auch dazu, dass eine gewisse Leichtigkeit während des Beratungsgespräches entsteht (vgl. Hermes 2017, S. 120). In den meisten Praxen findet man daher eine Fülle von Materialien, die bei einer Beratung von Menschen mit einer geistigen Behinderung verwendet werden können. Hierbei kommt es nicht immer nur darauf an, was benutzt wird, sondern womit man sich während des Gespräches wohlfühlt. Aber auch hier gibt es einige Besonderheiten, die Menschen mit einer geistigen Behinderung in einem Beratungsgespräch betreffen: bspw. das Anwenden von Stofftieren und Handpuppen, welches in der Familienberatung sehr beliebt ist. Hierfür wird allerdings ein Entwicklungsalter vorausgesetzt, welches die Person zum Rollenspiel befähigt. Dies entspricht ungefähr dem Entwicklungsstand eines dreijährigen Kindes. Jedoch auch wenn die kognitiven Fähigkeiten vorhanden sind, kann die spielerische Komponente, welche zur gezielten Arbeit mit Stofftieren und Handpuppen gehört, nicht nachvollzogen werden und bringt somit nur Verunsicherung mit sich (vgl. Hermes 2017, S. 121/122). Das Aufschreiben und Aufzeichnen ist in einem Beratungsgespräch mit einem Menschen mit einer geistigen Behinderung genauso unabdingbar, wie das Verwenden von Bildern, Piktogrammen und der leichten Sprache. Ein Beratungsgespräch ist eine hochkomplexe Situation in Hinsicht auf die Verarbeitung von Informationen im Gehirn. Denn etwas Gesagtes ist flüchtig und muss vom Hörer immer wieder verarbeitet werden (vgl. Hermes 2017, S. 123). Durch das Visualisieren von dem Gesagten, wird das Gesagte greifbarer gemacht und entlastet das Kurzzeitgedächtnis. Zusätzlich wird durch das visualisieren dem Gespräch ein roter Faden gegeben (vgl. Hermes 2017, S. 124). Wichtig ist es, dass Menschen mit einer geistigen Behinderung während einer Beratung ernst genommen werden und ihr Anliegen geklärt werden kann. Kommt also ein Mensch mit einer geistigen Behinderung mit dem Wunsch nach einem Kind als Ratsuchender zu einem Berater, ist es von großer Bedeutung diesen Wunsch ernst zu nehmen und den Menschen in dessen Selbstbestimmung zu unterstützen. Hierbei gilt es, dass der Mensch mit einer geistigen Behinderung darin bestärkt wird, selbst zu entscheiden, und nicht bevormundet wird (vgl. Klauß 2008, S. 34).

Das Ziel jeder Beratung soll sein, den Ratsuchenden darin zu befähigen, seine eigenen Lösungen zu entwickeln und eigenen Entscheidungen zu treffen (vgl. Lenz/Riesberg/Rothenberg/Sprung 2010, S. 204). Während des Gesprächs sollten alle Vor- und Nachteile, aber auch alle Möglichkeiten einer möglichen Schwangerschaft und der damit verbundenen Elternschaft besprochen werden. Wichtig ist, die verschiedenen Unterstützungsangebote zu besprechen (vgl. Cornlesen 2011, S. 98). Bei der Beratung kann unterschieden werden zwischen Beratung vor der evtl. geplanten Schwangerschaft, während der Schwangerschaft und nach der Geburt. Bei einer Beratung vor einer geplanten Schwangerschaft, geht es wie bereits beschrieben darum, dass über die Möglichkeiten aber auch die mit einem Kind verbundene Verantwortung aufgeklärt wird. Es ist wichtig, dass der Wunsch nach einem eigenen Kind umfassend reflektiert wird, denn auch erwachsene Menschen mit einer geistigen Behinderung haben selten Kenntnisse darüber, was es wirklich bedeutet ein Kind zu bekommen und sich um dieses zu kümmern (vgl. Cornlesen 2011, S. 97). Die Lebenshilfe Bremen hat hier bspw. sehr gute Erfahrungen mit Seminaren zum Thema „Wie ist es, ein Kind zu haben?" gemacht. In diesen werden Vor- und Nachteile eigener Kinder ausgetauscht und Informationen gesammelt. Gemeinsam wird nach Antworten gesucht zum Thema Schwangerschaft und Elternschaft (vgl. Cornlesen 2011, S. 97) Bei einer

Beratung während der Schwangerschaft gilt, dass die Zeit bis zur Geburt genutzt wird, um ein passendes Unterstützungssystem aufzubauen und die werdenden Eltern auf die neue Situation vorzubereiten. Es ist wichtig die derzeitige Wohnungssituation zu klären, der werdenden Mutter die Schwangerschaft und Geburt zu erklären, die notwendigen Vorsorgeuntersuchungen einzuhalten, eine Hebamme suchen, Kontakte zu den notwendigen Ämtern herstellen, erforderlichen Anträge ausfüllen usw. (vgl. Cornlesen 2011, S. 98). Bei einer Beratung nach der Geburt geht es darum, die verschiedenen Hilfen zu koordinieren und die Eltern bei der Erziehung des Kindes zu unterstützen. Notwendiges Wissen muss vermittelt, wichtige Informationen mitgeteilt werden (vgl. Lenz/Riesberg/Rothenberg/Sprung 2010, S. 204). Bei der Suche nach Lösungen spielen die Ressourcen der Eltern die entscheidende Rolle. Sie müssen eruiert und berücksichtigt werden (vgl. Lenz/Riesberg/Rothenberg/Sprung 2010, S. 205). Aber auch die Beratung zur altersgemäßen Förderung der Kinder ist schon während der Elternschaft bedeutsam. Wichtig ist, dass die Eltern die notwendigen Informationen und Hilfe bekommen, damit ihr Kind in Zukunft bei ihnen leben kann (vgl. Cornlesen 2011, S. 100).

Frauen mit einer geistigen Behinderung wissen sehr oft, dass die Gesellschaft und ihr Umfeld auf einen geäußerten Kinderwunsch abfällig reagieren. Dies sehen sie als Grund, einen Kinderwunsch zu verheimlichen bzw. nicht zu thematisieren. In den Fällen, wo sie den Kinderwunsch doch äußern, wird dieser oft bagatellisiert, nicht ernst genommen oder auf ein "Nicht schaffen" hingewiesen (vgl. Pixa-Kettner/ Bargfrede 2015, S. 76). Daher ist es sehr wichtig, dass in der Beratung bei einem geäußerten Kinderwunsch, der Wunsch ernst genommen wird und nicht bagatellisiert wird, sodass die Frau oder das Paar mit Kinderwunsch offen für die Beratung ist. Denn der Wunsch nach einem Kind verschwindet nicht einfach, wenn er verschwiegen oder nicht ernst genommen wird. In der Beratung müssen die Wünsche thematisiert werden können, damit diese verarbeitet werden können und es zu einer eventuellen Entscheidung kommen kann, selbst wenn die Wünsche eben unerfüllt bleiben (vgl. Pixa-Kettner/ Bargfrede 2015, S. 77). Es spricht also viel für ein Beratungsgespräch bei Menschen mit einer geistigen Behinderung und einem bestehenden Kinderwunsch. Zeitliche Verkürzung, Strukturiertheit und Anwendung oben aufgezählten Methoden und Techniken sind wesentlicher Bestandteil der Gespräche. Dadurch können die reduzierten sprachlichen und kommunikativen Fähigkeiten "ausgeglichen" werden (vgl. Pixa-Kettner/Bargfrede 2015, S. 78). Die ausgewählten Materialien und Methoden sollten immer dem Ratsuchenden und dessen geistiger Behinderung angepasst sein.

Das Ziel einer Beratung und der dazu ausgewählten sexualpädagogischen Materialien, sollte immer sein, das die Menschen mit einer geistigen

Behinderung eine eigene Antwort auf ihre Fragen bekommen und ihre eigenen Antworten entwickeln können. Zusätzlich ist es wichtig, dass sie durch die Beratung Informationen vermittelt bekommen sowie Selbstbewusstsein und Selbstwertgefühl entwickeln können (vgl. Pixa-Kettner/ Bargfrede 2015, S.78). Zur Gesprächserleichterung bei dem Thema Kinderwunsch bei Menschen mit einer geistigen Behinderung wurden durch Pixa-Kettner und Bargfrede (2015) verschiedene weitere Materialien vorgeschlagen. Zum einen gibt es sexualpädagogische Materialien, die extra für Menschen mit einer geistigen Behinderung entwickelt wurden. Hier haben Pixa-Kettner und Bargfrede bspw. ein Spiel entwickelt, bei dem es um Kinderwunsch geht. Das Spiel hat das Ziel, sich möglichst offen über die Thematik auszutauschen. Es beinhaltet sowohl positive als auch negative sowie neutrale Aussagen über das Leben als Eltern. Neben der Leichten Sprache unterstützen Piktogramme die gelingende Beratung.

7.2.1 Beispiel aus der Praxis

In einer Einrichtung, in der die Autorin tätig war (Apemh), wurde gemeinsam mit Planning Familial und der Apemh eine Mappe erstellt, um Menschen mit einer geistigen Behinderung bei Fragen um das Thema Sexualität aufzuklären und richtig beraten zu können. Ebenfalls wurden neue Stellen geschaffen, bei denen eine professionelle Sozialberatung stattfinden kann. Diese Arbeitsmappe entstand mit Hilfe von drei Erzieherinnen und dem Team von Planning Familial. Das Heft beinhaltet die wichtigsten sexualpädagogischen Inhalte und Anschauungsmaterial, so dass es bei der praktischen Arbeit mit den Klienten genutzt werden kann (vgl. Vinandy 2016, S. 6). Ziel ist es, eine adäquate Sexualpädagogik anbieten zu können, die unbedingt benötigt wird, um Menschen mit einer geistigen Behinderung bei Kinderwunsch zu unterstützen. Ein offener und gelöster Umgang mit dem Thema ist für die beteiligten Personen wichtig. Sie müssen sich wohlfühlen können. Ist dies nicht der Fall, kann keine Beratung stattfinden. Um ein spezifisches Beratungsgespräch führen zu können, wird den Klienten weiterführend die Beratungsstelle "Centre Ressources Parentalité" angeboten. Diese Beratungsstelle ist für Menschen mit einer geistigen Behinderung bei Kinderwunsch, Schwangerschaft oder Elternschaft sowie für Eltern, Angehörige oder Fachkräfte, die mit diesem Thema zu tun haben. Die Beratungsstelle dient zur Vernetzung, um die vorhandenen Ressourcen zu mobilisieren. Sie entwickelt spezifische Methoden und Arbeitsmaterialen, die angeboten werden. Ebenfalls informiert sie Eltern und Fachkräfte, um deren Kompetenzen zu stärken und sie zu sensibilisieren. Zusätzliche begleitet die Beratungsstelle Eltern mit einer geistigen Behinderung, um den Bedarf des Kindes, der Eltern und der Familie in den verschiedenen Lebensphasen zu unterstützen und gerecht zu werden. Das Angebot der Beratungsstelle orientiert sich rund um das Thema Elternschaft, Schwangerschaft und Kinderwunsch. In den meisten Fällen ist es bei Menschen ohne eine Behinderung so, dass sie sich zu einem bestimmten Punkt in ihrem Leben für ein Kind entscheiden.

Da es Menschen mit einer geistigen Behinderung aufgrund der intellektuellen Einschränkungen schwerer fällt, sich einen abstrakten Umstand konkret in seinen Auswirkungen vorzustellen, und weil sie in der Regel Schwierigkeiten damit haben, zeitlich weiter hinten liegende Veränderungen zu antizipieren, geht es darum, diese Menschen dabei zu unterstützen, jene Überlegungen anzustellen, die die meisten (nicht behinderten) Menschen bei einem Kinderwunsch haben (vgl. Urwald 2018).

Seit Ende 2017 bietet die Beratungsstelle zusätzlich eine Telefonberatung an. Es handelt sich dabei um ein niederschwelliges Angebot, welches freiwillig von den Klienten in Anspruch genommen werden kann. Diese Weiterentwicklung des Centre Ressources Parentalité hat sich u.a. darin begründet, dass sie mehrmals von Fachkräften gebeten wurden, mit Menschen mit einer Behinderung zu sprechen, die einen Kinderwunsch geäußert haben, ohne dass die Person selbst einen Sinn darin gesehen hätte, mit ihnen darüber zu sprechen. Ein gemeinsames Gespräch zu diesem sehr persönlichen Thema ist aber nur möglich, wenn die Person dies auch zulässt. In dem Sinne liegt es an der Fachkraft, die die Person kennt und vom Kinderwunsch erfahren hat, mit der Person Motivationsarbeit zu betreiben, sich mit dem Thema bewusster auseinanderzusetzen (vgl. Urwald 2018).

In der oben erwähnten, ausgestalteten Mappe gibt es verschiedene Punkte zum Thema Sexualität. Unter anderem enthalten sind: Mein Körper. Es wird erklärt, wie die verschiedenen Geschlechtsorgane aussehen, und es werden anatomische Kenntnisse inkl. Hygiene vermittelt und vertieft. Im nächsten Teil wird auf das Thema Freundschaft und Beziehung wie bspw. Gefühle in einer Beziehung, Eifersucht, Trennung und Trauer eingegangen. Der nächsten Abschnitt behandelt das Thema Sexualität: was ist Sex, was ist Petting, was ist Selbstbefriedigung usw. sowie das Thema Verhütung von Schwangerschaft incl. verschiedener Verhütungsmethoden. In diesem Abschnitt wird auch das Thema Kinderwunsch und Schwangerschaft besprochen. Wie verändert sich das Leben mit einer Schwangerschaft, was benötigt ein Baby, was passiert mit dem Körper und der Psyche während der Schwangerschaft etc. (vgl. Apemh 2016, S. 14- 32).

Zusätzlich zu dieser Mappe gibt es verschiedenste Anschauungsmaterialien, Spiele und Medien, die zur Unterstützung dienen. Ein sogenannter „Anschauungskoffer" steht zur Verfügung, welcher gemeinsam mit Planning Familial und der Apemh zusammengestellt wurde. Darin befinden sich Modelle der verschiedenen Geschlechtsorgane und weitere Materialien, um sexuelle Aufklärung zu gewährleisten. Weiter kann ein „Kondomführerschein" gemacht werden (vgl. Apemh 2016, S. 39).

Ein besonderes Angebot ist die Möglichkeit für Mitarbeitende der Apemh sich bei Planning Familial, sogenannte Roboter Babys (Real Care Baby) auszuleihen, wenn zum Beispiel eine Klientin einen bestehenden Kinderwunsch äußert. Anhand dieser kann sie üben, wie es ist, mit einem Baby zu leben, für dieses zu sorgen und die Verantwortung zu tragen.

Den Mitarbeitenden der Apemh werden regelmäßig Fortbildungen zum Thema Sexualpädagogik angeboten, zudem werden sie von einer Psychologin, die speziell zu diesen Themen arbeitet, in Teamsitzungen informiert und begleitet. Zusätzlich werden die Betreuer und Klienten über die verschiedenen Methoden der Empfängnisverhütung aufgeklärt. Welche Verhütungsmethode die Bewohner und Bewohnerinnen annehmen, entscheiden sie selbst.

Der Apemh und deren Mitarbeitenden ist es wichtig, die Menschen mit einer geistigen Behinderung aufzuklären und somit präventiv zu arbeiten, aber auch die Menschen mit geistiger Behinderung und ihre Bedürfnisse ernst zu nehmen und hinsichtlich des Unterstützungsbedarfs zu fördern. Zentral ist das aufgeführte Ziel, die Klienten darüber zu informieren, was es für sie persönlich bedeutet, ein Kind zu haben und für dieses die Verantwortung zu übernehmen, wobei die Entscheidung für oder gegen ein Kind immer ihnen selbst überlassen wird (vgl. Apemh 2016, S. 2).

7.3 Beratung von Betreuungspersonal und Angehörigen

Im nachfolgenden Abschnitt geht es um die Beratung von Fachkräften, die Menschen mit einer geistigen Behinderung und deren Angehörige betreuen.

Die Mitarbeitenden der verschiedensten Einrichtungen der Behindertenhilfe müssen selbst durch Fachberatung zu dem Thema Kinderwunsch von Menschen mit einer geistigen Behinderung und den praktischen Umgang damit aufgeklärt werden. Hier gibt es nach wie vor zu viel Vorbehalte und Unsicherheiten. Nur durch eine sachgerechte Aufklärung können zum Beispiel Tabuisierungen durchbrochen werden. Wenn es in den verschiedenen Einrichtungen immer häufiger zur Elternschaft kommt, sind die Mitarbeitenden oft überfordert, fehlen ihnen häufig adäquate Handlungsmöglichkeiten. Sie haben in der Regel kaum Erfahrungen diesbezüglich und damit einhergehend noch keinen konkreten, professionellen Umgang damit entwickelt (vgl. Cornlesen 2011, S. 97). Fachkräfte der Behindertenhilfe sollten sich nicht erst, wenn eine Schwangerschaft auftritt, sondern rechtzeitig, präventiv mit diesem Thema auseinandersetzen. Sie erlangen dadurch Sicherheit im Umgang mit der Thematik (vgl. Cornlesen 2011, S. 97). Hierfür kann Fachberatung für und von Fachkräften selbst genutzt werden.

Fachberatung ist auch eine Form der Hilfestellung für Fachkräfte. Sie kann diese bei einer kreativen Lösungssuche unterstützen. Die Fachberatung wird dann gesucht, wenn Unsicherheit entsteht. Diese Unsicherheit kann in Folge von Nichtwissen, Nichtverstehen, Komplexität, Widersprüchlichkeit oder Neuerungen entstehen (vgl. Wimmer/Wimmer/Buchacher/Kamp 2012, S. 9). Der Begriff der Fachberatung wird in vielen Bereichen der Wirtschaft und Bildung verwendet. Unter ihm kann ganz allgemein verstanden werden, dass Personen und Dienste eine Beratung von speziellen Fachgebieten und Praxisfeldern in Anspruch nehmen (vgl. Deutsches Rotes Kreuz 2002, S. 5). Teilweise findet auch der Begriff der Expertenberatung Verwendung. In der Behindertenhilfe bedeutet dies, dass auf der Grundlage eines ganzheitlichen Beratungsprozesses, die Praxis und deren Fachkräfte qualifiziert weiterentwickelt werden, um auf die Lebenswirklichkeit von Menschen mit einer geistigen Behinderung und deren Familien/ Angehörige angemessen eingehen zu können. Gleichzeitig finden dadurch neue Erkenntnisse aus Wissenschaft und Forschung Einzug in die Praxis. Die Fachberatung konzentriert sich allgemein auf zwei Bereiche:
– Auf die Förderung der beruflichen Kompetenzen von Mitarbeitenden sowie ihre Möglichkeiten, eine selbständige Verbesserung und Qualitätsentwicklung mit dem Träger der Einrichtung durchzusetzen (vgl. Deutsches Rotes Kreuz 2002, S. 6).
– „Die durch den Kontakt mit der Praxis erworbenen Erkenntnisse und Erfahrungen einrichtungsübergreifend da einzubringen, wo Trägerorganisationen, wissenschaftliche Institutionen und Verwaltungsbereiche mit den inhaltlichen und organisatorischen Notwendigkeiten" (Deutsches Rotes Kreuz 2002, S. 6) der Einrichtungen befasst sind.

Fachberater findet man in den verschiedensten Einrichtungen bspw. in Verbänden, Kammern, Vereinen, Gerichten, Behörden aber auch in Betrieben oder als Freiberufler bzw. Selbständige (vgl. Wimmer/Wimmer/Buchacher/Kamp 2012, S. 14).

Da im oberen Abschnitt Beratung als solche schon beschrieben wurde, wird hier darauf nicht mehr detailliert eingegangen. Vielmehr soll die Abgrenzung von Fachberatung und prozessorientierter Beratung erläutert werden.

Während die (prozessorientierte) Beratung allgemein mit den Ressourcen und dem Lösungswissen der Klienten arbeitet, bietet die Fachberatung zusätzliche Hilfen in Form von sachlichen und fachlichen, sowie prozeduralem Wissen an (vgl. Wimmer/Wimmer/Buchacher/Kamp 2012, S. 12). Der Bedarf an einer Fachberatung kann in jeder Beratung evident und notwendig werden, sie ist aber auch immer bestrebt, dass die Klienten sinnvoll mitwirken. Die Fachberatung soll über das Vermitteln von Fachwissen hinaus, auch Entscheidungs- und Handlungshilfen bieten (vgl. Wimmer/Wimmer/Buchacher/Kamp 2012, S. 12). Die Fachberatung möchte „in Form von Sozialarbeit, Lebens- und Sozialberatung und Familienberatung […] bei Fragen und Problemen des alltäglichen Lebens helfen" (Wimmer/Wimmer/Buchacher/Kamp 2012, S. 12). Es ist schwierig die Fachberatung von den verschiedenen anderen Beratungsstilen abzugrenzen und die Fachkräfte der Fachberatung müssen sich darüber im Klaren sein, dass es immer zu Überschneidungen der Beratungsfelder kommt (vgl. Wimmer/Wimmer/Buchacher/Kamp 2012, S. 13). So sind Fachberater darin gefordert, Klienten und Klientinnen bei der Lösungsumsetzung und der Durchsetzung ihrer eigenen Interessen zu helfen und zu unterstützen. Fachberater sind aber eben auch Experten in ihrem Fach, verfügen über spezifisches, weitreichendes und vertieftes Wissen in ihrem bestimmten Themenfeld. Sie sind bspw. Experten in rechtlichen, technischen, wirtschaftlichen, sozialen oder pädagogischen Fragestellungen.

Da einige Klienten auch zur Fachberatung kommen, die sich in einer emotional oder psychisch belasteten Lebenssituation befinden, ist es wichtig, dass die Fachberater auch Grundkenntnisse über die Prozessberatung oder psychosoziale Beratung haben. Fachberater benötigen über ihre fachliche Expertise hinaus, soziale, kommunikative und psychologische Kompetenzen und vor allem Beratungskompetenzen (vgl. Wimmer/Wimmer/Buchacher/Kamp 2012, S. 13/14). Hierbei unterscheidet sich die Fachberatung kaum bzw. gar nicht von anderen Beratungsprozessen. Denn Fachberater benötigen methodische, soziale und personale Kompetenzen, die Beratungsprozesse gelingen lassen. Bei der Fachberatung ist es jedoch zusätzlich wichtig den organisatorisch- funktionellen Kontext immer im Fokus zu haben. Denn die Kommunikation zwischen Berater und Klienten ist immer durch die Räume, Zeitvorgaben, Rechte und Pflichten, Werte und Ziele der Organisation beeinflusst. Sie wirken auf die Situation der Beratung mit ein (vgl. Wimmer/Wimmer/Buchacher/Kamp 2012, S. 18). Gleichzeitig wirken die verschiedenen kulturellen und gesellschaftlichen Kontexte ebenfalls auf die Beratungssituation ein, was jedoch kein Spezifikum für die Fachberatung ist, sondern auch für andere Beratungsprozesse gilt.

Spezifisch für die Fachberatung ist, dass die Wissensvermittlung bzw. die Fachwissensanwendung für die konkrete Fragestellung im Vordergrund stehen. Fachberatung ruht, bildhaft gesprochen, auf fünf Säulen.

a) Fachwissen: Die Fachberater beraten nach bestem Wissen und Gewissen und haben aktuelle Fachkenntnisse, welche vermittelt werden.

b) Rollen- und Funktionsklarheit: Es ist wichtig das die Fachberater eine klare Vorstellung von ihrem Auftrag haben und sie wissen, was sie dürfen und was von ihnen erwartet wird. Hierbei ist es wichtig, das Spannungsfeld zwischen der Organisation und des Klienten zu kennen und sich hier seine eigenen Rollen zu gestalten (vgl. Wimmer/Wimmer/Buchacher/Kamp 2012, S. 20).

c) Theorien und Modelle: Die fundierte Beratung bezieht sich immer explizit auf Theorien und Verständnismodelle. „Dazu gehören Welt- und Menschenbild genauso wie Kenntnisse über Wahrnehmung und Kommunikation, ein psychologisches Grundverständnis und Menschenkenntnis. Theorie und Methode der Beratung, Wissen über Konfliktdynamiken und menschliche Motive und viele weitere Modelle und Theorien sollen das Verständnis für den Prozess der Beratung untermauern" (Wimmer/Wimmer/Buchacher/Kamp 2012, S. 20).

d) Instrumente und Techniken: Da die Beratung einen kommunikativ gesteuerten Prozess darstellt, ist für dessen Erfolg von großer Bedeutung, dass der Berater über verschiedene Fertigkeiten, Instrumente und Techniken verfügt. Zu diesen Techniken gehören: „Kontakt herstellen, ins Gespräch kommen, Beobachten und Hypothesen bilden, Erwartungen klären, Struktur und Orientierung geben, mit den eigenen und den Emotionen des Klienten konstruktiv umgehen, Situationen deeskalieren und Konflikte managen. Dazu kommen Gesprächführungstechniken wie z. B. „professionelles Fragen und Zuhören, Aktiv Zuhören, Informieren, Fachwissen verständliches „Übersetzen", Visualisieren" (Wimmer/Wimmer/Buchacher/Kamp 2012, S. 20).

e) Selbstreflexion: Für den Berater ist eine Selbstreflexion unerlässlich. Damit eine Beratung gelingen kann, sollte der Berater seine eigenen Verhaltensmuster kennen. Hierbei können zum Beispiel kollegiale Feedbackgespräche helfen, diese zu erkennen (vgl. Wimmer/Wimmer/Buchacher/Kamp 2012, S. 21).

Die wichtigsten Grundlagen der Fachberatung sind, dass diese immer klientenbezogen ist. Es ist wichtig, dass der Berater den Klienten immer wertschätzend und mit Respekt begegnet sowie die Klienten akzeptiert. Die Klienten zu akzeptieren bedeutet, sie so anzunehmen, wie sie sind und sie trotz evtl. unterschiedlicher Ansichten von Werten und Handlungsweisen ernst zu nehmen (vgl. Wimmer/Wimmer/Buchacher/Kamp 2012, S. 74). Ebenso ist wichtig, die Ziel- und Lösungsvorstellungen sowie die Ressourcen der Klienten zu erfassen und in den Beratungsprozess aufzunehmen. Fachberater benötigen Fachkompetenzen und Beratungskompetenzen (vgl. Wimmer/Wimmer/Buchacher/Kamp 2012, S. 74). Die Berater stellen in der Fachberatung die Experten, Impuls- und Wissensgeber, Organisatoren und Wegbegleiter dar. Sie verfügen über Wissensmacht, sollten sich dessen bewusst sein und diese Macht verantwortlich zum Wohl der Ratsuchenden und der Gemeinschaft einsetzen.

Die Fachkräfte der verschiedenen Einrichtungen müssen über ein ausreichendes Wissen über das Thema Kinderwunsch bei Menschen mit einer geistigen Behinderung verfügen, um adäquat handeln zu können. Einen Teil will das vorliegende Buch vermitteln. Weiter gehören dazu Wissen über Schwangerschaft und Geburt, über die Arbeit mit Kindern, die Grundbedürfnisse und Entwicklung von Kindern (vgl. Lenz/Riesberg/Rothenberg/Sprung 2010, S. 210). Das differenziert sich in Fachwissen über die frühkindliche Entwicklung bis hin zum Erwachsenenalter, Methoden der Erziehung, Kenntnisse über die Pflege und Versorgung von Säuglingen und Kleinkindern etc. (vgl. Lenz/Riesberg/Rothenberg/Sprung 2010, S. 210). Fachkräfte benötigen weiter systembezogenes Wissen wie Strukturen der Behinderten- und Jugendhilfe, rechtlichen Rahmenbedingungen und Kenntnisse über vorhandene Angebote für Eltern und Kinder wie Begleitete Elternschaft (Lenz/Riesberg/Rothenberg/Sprung 2010, S. 210). Daneben gibt es noch viele weitere Kenntnisse, die den Fachkräften der Behindertenhilfe bzgl. des Themas zugutekommen (zum Beispiel über Wertvorstellungen und Haltungen rund um das Thema).

Aus den Ausführungen geht die Bedeutung von Fachberatung für Fachkräfte bzgl. des Themas Kinderwunsch bei Menschen mit einer geistigen Behinderung hervor. Der Ausbau von Expertise und Kompetenzen ist an dieser Stelle weiter gefordert.

Die Eltern von Menschen mit einer geistigen Behinderung und deren Betreuungspersonal, stehen immer wieder vor Aufgaben, die sie allein kaum oder gar nicht bewältigen können. So ist der Kinderwunsch von Menschen mit einer geistigen Behinderung ein besonders herausforderndes Thema. Rat und Hilfe gilt es, zur Verfügung zu stellen. Rat und Hilfe muss von Fachkräften, die sich mit diesem Thema auskennen, aber eben nicht der gleichen "Belastung" ausgesetzt sind, erfolgen (vgl. Pro Familia 2006, S. 19). Zwischen Eltern und den Betreuern steht der Mensch, als erwachsener Sohn oder erwachsene Tochter, Betreuer oder Betreute mit seiner geistigen Behinderung. Eltern und Betreuer müssen darin bestärkt werden, sich gegenseitig zu helfen und sich zu unterstützen, „indem sie offen, ehrlich und achtungsvoll miteinander umgehen" (Pro Familia 2006, S. 19).

Eltern bekommen von den Fachleuten oft den Rat, dass sie ihre "Kinder" loslassen sollen, und sie akzeptieren müssen, dass diese erwachsen sind. Jedoch fällt Eltern genau das häufig genug schwer. Besonders schwer fällt es Eltern von Menschen mit einer geistigen Behinderung (vgl. Pro Familia 2006, S 19), da letztere womöglich auch einen kindlichen Habitus im Erwachsenenalter zeigen sowie die elterliche Für- und Vorsorge realiter ausgeprägter war und ist. Wenn also ein "Kind" den Wunsch nach einem eigenen Kind äußert, stellt dies viele Eltern vor eine besonders ausgeprägte Herausforderung. Äußert das (erwachsene) Kind den Kinderwunsch, stößt es bei seinen Eltern und Angehörigen oft auf heftige Widerstände. Beim Aufkommen dieses Themas, sollten sich Eltern beraten lassen, um die notwendige Unterstützung zu erhalten (vgl. Pro Familia 1998, S. 15). Bei der Beratung von Angehörigen ist es ähnlich wie bei der Beratung von Fachkräften, denn es geht darum ihnen das notwendige Wissen zu vermitteln, was sie bzgl. der Thematik benötigen. Es geht aber auch darum, dass Eltern die Beratung evtl. für sich selbst benötigen, um mit dem Thema angemessen umgehen zu können.

Bei mehreren Beratungsstellen nachgefragt, zeigte sich auch in der Praxis, dass nicht pauschal festgehalten werden kann, wie Angehörige von Menschen mit einer Behinderung beraten werden sollten. Es gibt auch hier kein fertiges Beratungsschema. Beratung verläuft immer individuell, orientiert an den Anliegen, Sorgen und Ängsten der Angehörigen in der gemeinsamen Entwicklung von Handlungsweisen in den jeweiligen Bezügen auf den individuellen Hintergründen (siehe auch Punkte 7 und 7.1.). Gefragt sein wird jedoch immer eine Kombination auch Fach- und Prozessberatung.

Da eine oder keine Schwangerschaft in den letzten Jahren, aufgrund von den verschiedensten Verhütungsmitteln "planbar" ist, müssen die Angehörigen von Menschen mit einer Behinderungen über die verschiedenen Methoden aufgeklärt werden. Dies muss jedoch auch immer im Zusammenhang mit dem "Kind" passieren (vgl. Pro Familia 1998, S. 19). Es stellt sich als hilfreich dar, wenn Eltern mit ihrem Engagement, ihren Sorgen und ihren Ängsten von den Fachleuten ernst genommen und unterstützt werden, denn für die Eltern wäre es beruhigend zu wissen, dass ihr „Kind" eigenständig klarkommt und ein zufriedenes Leben führen kann (vgl. Pro Familia 1998, S. 20),

In einer Untersuchung der Lebenssituation von Menschen mit einer geistigen Behinderung und Kindern von Ursula Pixa-Kettner wurde festgestellt, dass in den wenigsten Familien das Thema Kinderwunsch und Schwangerschaftsverhütung angesprochen wird. Daher wurde in vielen Fällen der Wunsch nach einem Kind oder eine Schwangerschaft verheimlicht oder erst spät mitgeteilt (vgl. Pixa-Kettner 1996, S. 181). Hier wurde offensichtlich, dass viele Eltern es nicht in Erwägung gezogen haben, dass ihr "Behindertes Kind" Sex haben könnte oder einen Kinderwunsch hat (vgl. Pixa-Kettner 1996, S. 181). Daher ist es wichtig, dass auch Eltern und Angehörige von Menschen mit einer geistigen Behinderung über das Thema Sexualität von Menschen mit Behinderung aufgeklärt werden und sie somit ihre "Kinder" entsprechend unterstützen können.

8 Bedeutung für die Soziale Arbeit

Nachfolgend soll die Bedeutung eines Kinderwunsches von Menschen mit einer geistigen Behinderung für die Soziale Arbeit betrachtet werden. Hierzu wird als erstes die Definition von Sozialer Arbeit festgehalten.

„Soziale Arbeit fördert als praxisorientierte Profession und wissenschaftliche Disziplin gesellschaftliche Veränderungen, soziale Entwicklungen und den sozialen Zusammenhalt sowie die Stärkung der Autonomie und Selbstbestimmung von Menschen. Die Prinzipien sozialer Gerechtigkeit, die Menschenrechte, die gemeinsame Verantwortung und die Achtung der Vielfalt bilden die Grundlage der Sozialen Arbeit. Dabei stützt sie sich auf Theorien der Sozialen Arbeit, der Human- und Sozialwissenschaften und auf indigenes Wissen. Soziale Arbeit befähigt und ermutigt Menschen so, dass sie die Herausforderungen des Lebens bewältigen und das Wohlergehen verbessern, dabei bindet sie Strukturen ein" (DBSH 2017).

„Der Wunsch nach einem eigenen Kind gehört zu den höchstpersönlichen Angelegenheiten und kann nicht verboten werden" (Cornlesen 2011, S. 96).

Wie mehrfach angesprochen, haben Menschen mit einer geistigen Behinderung bei einem geäußerten Kinderwunsch immer noch mit vielen Vorurteilen zu kämpfen. Ebenso wird das Thema Sexualität und Familienplanung bei Menschen mit geistiger Behinderung schon im Jugend- und Erwachsenenalter noch zu sehr ausgeklammert und zu wenig thematisiert. Wird der Wunsch nach einem Kind oder einer Familie geäußert, wird dies häufig schnell abgetan und heruntergespielt (vgl. Pixa-Kettner 2010, S. 6). Aus Tabuisierung und ablehnender Haltung heraus ergeben sich folgende Probleme und Herausforderungen. Zum einen werden die bewusste Entscheidung gegen oder für ein Kind und eine konstruktive Auseinandersetzung mit dem Thema fast unmöglich gemacht. Zum anderen besteht die Gefahr, dass eine ungeplante Schwangerschaft die betroffenen Frauen dazu bringt, einen Schwangerschaftsabbruch oder die Trennung vom eigenen Kind durch den Mangel an Unterstützung erfahren zu müssen (vgl. Hennies/Sasse 2004, S. 75).

Der Verlauf einer Äußerung des Kinderwunsches und einer Elternschaft von Menschen mit einer geistigen Behinderung ist sicher auch stark von persönlichkeitsspezifischen Faktoren aber eben auch den äußeren Bedingungen abhängig (vgl. Bargfrede 2015, S. 283). Umso wichtiger ist, dass

Menschen mit einer geistigen Behinderung Offenheit für das Thema und Unterstützung erfahren, denn die Qualität einer Elternschaft von Menschen mit einer geistigen Behinderung kann nicht allein an den Kompetenzen und Fähigkeiten derer selbst gemessen werden (vgl. Bargfrede 2015, S. 283). Vielmehr hängt die Elternschaft von der Qualität und der Bereitstellung von Unterstützungsmöglichkeiten ab. Aufgabe der Sozialen Arbeit ist, diese stellvertretend einzufordern und ein Netzwerk an Unterstützungsangeboten anzubieten (vgl. Bargfrede 2015, S. 283). Leider ist es immer noch sehr häufig, dass Menschen mit einer geistigen Behinderung bei Kinderwunsch, Schwangerschaft oder Elternschaft von Angehörigen und Fachkräften begleitet werden, die wenig bis keine Erfahrung bzgl. dieses Themas haben. Trotz zunehmender Anzahl von Eltern mit einer geistigen Behinderung bleibt es für die Einrichtungen in der Behindertenhilfe häufig noch ein Einzelfall, der eben eine Reihe von Besonderheiten mit sich bringt. Daher haben Einrichtungen noch überwiegend wenig Gespür und Sensibilität für die Thematik und wissen nicht oder zu wenig, wie ein professioneller Umgang damit sein kann bzw. sollte (vgl. Cornlesen 2011, S. 97). Gleichzeitig wächst die Nachfrage nach Fachberatung zum Thema.

Es gibt aber auch einzelne, interessante Beobachtungen im gegebenen Zusammenhang. So entstehen mehr neue Wohnprojekte, sowie Ambulante Dienste oder Beratungsdienste, die sich mit diesem Thema beschäftigen und die "Betroffenen" unterstützen. Insgesamt hat sich die Betreuungssituation von Eltern mit einer geistigen Behinderung und deren Kindern sowie die Sensibilität ihnen und ihren Bedürfnissen gegenüber in Deutschland sehr verbessert (vgl. Bargfrede 2015, S. 283). Da die Zahl der Eltern mit einer geistigen Behinderung oder der Kinderwunsch bei Menschen mit geistiger Behinderung nicht länger Tabu sein soll und sie entsprechend Unterstützung erfahren sollen, ist wichtig, dass sich die Fachkräfte der Behindertenhilfe, vor allem auch die Fachkräfte der Sozialen Arbeit mit dem Thema auseinandersetzen und sich rechtzeitig über Beratungs- und Unterstützungsangebote informieren. Geschieht dies, können sie unbefangener beraten und besser unterstützen (vgl. Cornlesen 2011, S. 97). Es ist positiv festzuhalten, dass die Anzahl der Fachkräfte, die sich den Umgang mit diesem Thema zutrauen und somit Menschen mit einer geistigen Behinderung bei Kinderwunsch, Schwangerschaft und Elternschaft unterstützen können, stetig steigt (vgl. Bargfrede 2015, S. 283). So gibt es laut Bargfrede (2015) immer mehr Unterstützung von Fachkräften für die Personen im Falle einer Elternschaft, so dass sie in ihrer Einrichtung weiterleben können, anstatt umziehen zu müssen und weiter entfernte oder andere, weniger hilfreiche Unterstützung wahrnehmen müssen (vgl. Bargfrede, S. 283/288).

Soziale Arbeit hat aus ihrem Selbstverständnis unter anderem als Menschenrechtsprofession heraus die Aufgabe, Menschen mit einer geistigen Behinderung bei Kinderwunsch, Schwangerschaft und Elternschaft zu unterstützen und zu helfen. Hierbei geht es um Beratung und konkrete, im Lebensalltag verankerte Unterstützungs- und Betreuungsleistungen. Wie bereits erwähnt, gibt es in Deutschland aktuell ca. 33 verschiedenen Einrichtungen oder Projekte, die sich mit diesem Thema beschäftigen. Die BAG (Bundesarbeitsgemeinschaft) wurde im Jahre 2002 von Mitarbeitern von 13 Einrichtungen gegründet, die sich mit der Thematik schon länger befassten (vgl. Bargfrede 2015, S. 285). Die BAG ist ein übergeordneter Zusammenschluss der verschiedensten Institutionen und Projekte, welche es als Ziel haben, dass Menschen mit einer geistigen Behinderung mit ihrem Kind zusammenleben können. Es ist der BAG wichtig, dass eine Fremdunterbringung der Kinder verhindert wird und die Erziehungskompetenzen der Eltern gestärkt werden (vgl. Bargfrede 2015, S. 290). Es gibt aber auch weitere Einrichtungen, die nicht an der BAG beteiligt sind, die sich trotzdem mit der Thematik auseinandersetzen. Hierzu zählen Einrichtungen in Trier, Reutlingen und Bonn.

Es ist von großer Bedeutung, dass die Unterstützungsmöglichkeiten von Menschen mit einer geistigen Behinderung bei Kinderwunsch, Schwangerschaft und Elternschaft ausgebaut werden. Hier liegt somit eine weitere wichtige Aufgabe für die Soziale Arbeit, damit alle betroffenen Menschen die bestehenden Herausforderungen des Lebens bewältigen können und ihr Wohlergehen gesteigert werden kann (vgl. DBSH 2017). Vorhandene Strukturen müssen einbezogen und weiterentwickelt werden (vgl. DBSH 2017).

In Bezug auf unser Thema wurde in den letzten Jahren zwar viel entwickelt und getan, jedoch gibt es bspw. immer noch zu wenig Einrichtungen, in denen Eltern mit ihren Kindern betreut werden können (vgl. Bargfrede 2015, S. 299). Benötigt oder wünscht eine Mutter eine "Rund- um- die - Uhr- Betreuung" muss sie in der Regel in eine weiter entfernte Einrichtung ziehen, da es nur wenige davon in Deutschland gibt. Zusätzlich müssen sie den Vater des Kindes und ihr soziales Umfeld verlassen und froh sein, überhaupt einen Platz zu bekommen (vgl. Bargfrede 2015, S. 299). Es gilt also, im Sinn der Eltern und des Kindes, dass mehr entsprechende Einrichtungen gegründet und Kooperationen verbessert werden. Eingliederungshilfe, Kinder- und Jugendhilfe sind aufgefordert, verstärkt zusammenzuarbeiten.

Zusätzlich zu diesen Einrichtungen ist wichtig, dass in allen Einrichtungen der Behindertenhilfe sexualpädagogische Konzepte etabliert und gelebt werden. Denn dies kann präventiv gegen ungewollte Schwangerschaften und sexuelle Missbräuche wirken (vgl. Ortland 2008, S. 80). Soziale Arbeit hat den Auftrag Menschen mit einer geistigen Behinderung unabhängig von ihrem Alter, über ihren Körper und dessen Anatomie aufzuklären sowie darin zu bestärken, ein positives Bild von sich selbst zu haben, respektive dieses zu entwickeln, Individualität und sexuelle Vielfalt zu akzeptieren (vgl. Vinandy 2016, S. 6). Menschen mit einer geistigen Behinderung lernen ihre Gefühle kennen und auszudrücken, Liebe und Sexualität als positive Lebensenergie zu empfinden. Sie lernen besser, Reaktionen von Ablehnung und Verunsicherungen gegenüberzutreten, wobei Umfeld und Gesellschaft Umdenken aufzufordern sind. Es muss ein Lernprozess stattfinden, das Thema nicht mehr zu tabuisieren und somit eine individuelle und befriedigenden Sexualität von Menschen mit geistiger behindern zu ermöglichen (vgl. Ortland 2008, S. 80). Hierbei haben neben Sozialarbeitern besonders Eltern, Lehrer und Erzieher eine wichtige und unterstützende Rolle (vgl. Ortland 2008, S. 80). Das Wissen darüber zu vermitteln, dass ausgelebte Sexualität immer mit Respekt mit sich selbst aber auch vor allem mit den Mitmenschen zusammenhängt, ist von großer Bedeutung (vgl. Vinandy 2016, S.6). So können und sollten flächendeckend Konzepte der Sexualpädagogik in den Integrationsschulen mit aufgenommen werden. Das gilt aber für viele weitere Einrichtungen der Behindertenhilfe (vgl. Vinandy 2016, S. 6).

Wie in der Definition der Sozialen Arbeit beschrieben, ist es die Aufgabe der Sozialen Arbeit Menschen in ihrer Selbstbestimmung zu stärken und auf ihrem Weg zur Autonomie zu unterstützen. Daher ist es wichtig, dass Menschen mit einer geistigen Behinderung, wenn sie einen Kinderwunsch äußern nicht bevormundet werden, sondern dass der Wunsch nach einem eigenen Kind respektiert und akzeptiert wird (vgl. Hennies/ Sasse 2004, S. 76). Hierzu zählt, dass der Mensch mit einer geistigen Behinderung ausführlich aufgeklärt und unterstützt wird. Es kann jedoch trotz der realistischen Einschätzung und einer ausführlichen Auseinandersetzung mit der Thematik des Kinderwunsches passieren, dass dieser Wunsch unerfüllt bleibt. Hierbei ist es von großer Bedeutung, dass die Fachkräfte der Sozialen Arbeit Trauerarbeit leisten und mit den Betroffenen eine andere Lebensperspektive entwickeln (vgl. Hennies/Sasse 2004, S. 76). Denn die Auswirkungen eines unerfüllten Kinderwunsches können gelegentlich mit einem Verlust eines Angehörigen gleichgesetzt werden (vgl. BKiD 2006, S. 118). Menschen mit einer geistigen Behinderung brauchen jemand beratend und unterstützend zur Seite, um Lebenskrisen zu verhindern bzw. diese zu überwinden.

Nachdem im vorherigen Teil des Kapitels auf die BAG eingegangen wurde, sei im nachfolgenden Teil kurz auf die verschiedenen Wohnformen eingegangen.

Eltern mit einer geistigen Behinderung bekommen die Unterstützung von der Jugendhilfe und der Eingliederungshilfe. Die Jugendhilfe gewährt den Eltern nach § 27 ff SGB VIII Hilfe zur Erziehung. Hierfür kommen ambulante Hilfen (Familienhilfe) oder stationäre Hilfen (betreute Wohnformen nach § 34 SGB VIII) in Frage (vgl. Vlasak 2015, S. 114). Bei der Unterstützung durch die sozialpädagogische Familienhilfe, können die Eltern mit geistiger Behinderung mit ihrem Kind in einer eigenen Wohnung leben und werden durch die Familienhilfe unterstützt. Diese Form wird oft von Paaren bevorzugt (vgl. Cornlesen 2011, S. 101). In manchen anderen Fällen wird die Unterbringung in einer stationären Einrichtung bevorzugt, wenn die ambulante Unterstützung der Familie nicht ausreicht, aber auch, wenn die Eltern schon vorher in einer Einrichtung der Behindertenhilfe gelebt haben. Manche Mütter bevorzugen diese Variante solange das Kind noch klein ist (vgl. Vlasak 2015, S. 115/ Cornelsen 2011, S. 101). Darüber hinaus gibt es das Wohnen in der Herkunftsfamilie. Hierunter ist das Zusammenleben von Eltern mit einer geistigen Behinderung mit dem Kind bei einem Familienangehörigen zu verstehen. Diese Entscheidung kann jederzeit revidiert werden, wenn das Zusammenleben nicht funktionieren sollte (vgl. Cornlesen 2011, S. 101). Jede der beschrieben Wohnformen hat ihre Vor- und Nachteile und muss immer im Einzelfall betrachtet werden. Unabhängig von der Wohnform und Unterstützung steht jedoch immer im Vordergrund, dass den Eltern ein Zusammenleben mit ihren Kindern ermöglicht wird. Hierbei gilt es, die Erziehungskompetenzen der Eltern zu fördern, zu stärken und gegebenenfalls zu kompensieren (vgl. Bargfrede 2015, S. 290). Die Zielsetzung ist eine Entwicklung einer Perspektive für ein Leben mit möglichst wenig Betreuung. Sollte ein Zusammenleben von Eltern und Kind jedoch auf Dauer nicht möglich sein, ist es wichtig eine getrennte Lebensperspektive für Eltern und Kind zu erarbeiten und eine Begleitung sicher zu stellen (vgl. Bargfrede 2015, S. 290).

Die Soziale Arbeit übernimmt bei der Unterstützung von Menschen mit einer geistigen Behinderung bei Kinderwunsch, Schwangerschaft und Elternschaft nach Achilles (2010) die Aufgaben der Begleitung und Beratung. Hierzu zählt, dass sie unterstützend bei Haushaltsführung und Erziehungsfragen zur Seite stehen. Dabei sollte die Unterstützung immer einen Angebotscharakter haben (vgl. Achilles 2010, S. 78). Die Verantwortung über die Kinder sollte, so weit wie es möglich ist, den Eltern überlassen werden. Sie sollen durch den Sozialberater darin bestärkt und ermutigt werden (vgl. Cornlesen 2011, S. 101).

Abschließend bleibt festzuhalten, dass an Menschen mit einer geistigen Behinderung bei Kinderwunsch, Schwangerschaft und Elternschaft keine strengeren Maßstäbe angesetzt werden sollen als an Menschen ohne Behinderung, welche sich in vergleichbarer Lebenssituation befinden (vgl. Cornlesen 2011, S.101).

9 Fazit

Ziele des Buches waren herauszuarbeiten, ob Menschen mit einer geistigen Behinderung Kinder haben „dürfen", wie dieses Thema bis heute behandelt wird und welche rechtlichen Rahmenbedingungen es gibt. Dazu galt es, auf medizinische, ethische und psychologische Aspekte zum Thema einzugehen und Zusammenhänge darzustellen.

Zusätzlich war es ein Anliegen, die Grundlagen der Sozialberatung und vor allem die Beratung von Menschen mit einer geistigen Behinderung in den Grundzügen zu erklären, da hierüber wesentliche Hilfestellungen gegeben werden können. Zu Beginn des Schreibens stand eine gewisse eigene Verunsicherung der Autoren. Zwar war es für sie lange kein Tabuthema mehr, jedoch bestanden überwiegend Erfahrungen, in denen das Kind von den Eltern getrennt wurde, getrennt lebte. Das Thema Kinderwunsch von Menschen mit einer geistigen Behinderung hat sich als ein sehr komplexes Thema dargestellt, zu dem allerdings erstaunlicher Weise (im Vergleich zur Praxis) schon eine beachtliche Anzahl an Fachliteratur existiert. Es gibt jedoch nur wenig Literatur, die sich explizit mit dem Kinderwunsch von Menschen mit geistiger Behinderung befasst. So wurden die grundlegenden Aspekte diesbezüglich zusammenzutragen, die darüber hinaus als hilfreich für die Praxis in der Arbeit mit Menschen mit geistiger Behinderung erachtet werden. Das sind vor allem Grundlagen der Sozialberatung und Beratung von Menschen mit einer Behinderung sowie die Beratung von Angehörigen und Fachpersonal.

Anhand der am Anfang vorgestellten Problematik ist deutlich erkennbar, dass der Kinderwunsch von Menschen mit einer geistigen Behinderung und die damit verbundene Elternschaft bis heute von der Gesellschaft noch wenig thematisiert sind. Menschen mit einer geistigen Behinderung müssen immer wieder Vorurteilen und Diskriminierung gegenübertreten. So hält sich bis heute die Behauptung und der Mythos, dass Menschen mit einer geistigen Behinderung immer auch behinderte Kinder bekommen sowie dass Menschen mit einer geistigen Behinderung besonders viele Kinder bekommen. Diese beiden Aussagen treffen nicht zu. Das konnte deutlich aufgezeigt werden. Menschen mit geistiger Behinderung bekommen gesunde, nicht behinderte Kinder. Gerade leichte geistige Behinderung ist umfänglich durch äußere Umstände determiniert. Dies konnte durch Studien belegt werden (siehe Kapitel 5.1).

Trotz des Paradigmenwechsels im Umgang mit Menschen mit Behinderung und auf dem Weg hin zur Inklusion, besteht weiterhin eine Debatte über das Thema Elternschaft von Menschen mit einer geistigen Behinderung. Vor allem für deren Angehörige und Betreuer ist es oft undenkbar, dass ein Mensch mit einer geistigen Behinderung selbstbestimmt darüber entscheiden kann, ob er Nachwuchs haben möchte oder nicht.

Hier ist es wichtig, dass diese durch eine kompetente Fachberatung aufgeklärt und Tabus abgebaut werden sowie Unterstützung gewährt wird (vgl. Pixa-Kettner/Bargfrede 2015, S. 76). „Dies gilt ganz besonders für einen so komplex zusammengesetzten Wunsch wie dem nach einem Kind" (Pixa-Kettner/Bargfrede 2015, S. 76). Während eine Elternschaft von Menschen mit einer Behinderung in der Vergangenheit generell abgelehnt wurde und ihnen die Kinder direkt nach der Geburt weggenommen wurden, wird sie heute zwar etwas mehr akzeptiert, jedoch immer noch nicht so gerne gesehen. In den letzten Jahren wurden aber auch immer mehr Einrichtung darauf ausgelegt, Menschen mit einer geistigen Behinderung bei ihrer Elternschaft zu unterstützen und zu begleiten, so dass diese mit ihrem Kind zusammenleben können. Hierfür wurde die BAG „Begleitete Elternschaft" gegründet. Das war ein wichtiger Schritt in der Umsetzung von Menschenrechten.

Durch die Bearbeitung des Themas ist deutlicher geworden, dass es zwar Unterstützungsmöglichkeiten für Menschen mit einer geistigen Behinderung und deren Kindern gibt, diese jedoch nicht flächendeckend sind. So müssen immer noch viele Eltern und vor allem Mütter umziehen (weg von oder mit den Vätern), wenn sie eine ausreichende Unterstützung für sich und ihr Kind wünschen (vgl. Bargfrede 2015, S. 299). Damit eine umfangreiche Unterstützung möglich ist, werden hier noch mehr Einrichtungen und Fachpersonal benötigt. Positiv festzuhalten ist, dass sich schon mehr als 33 Einrichtungen in der Bundesarbeitergemeinschaft zusammengeschlossen haben und an einer Weiterentwicklung gearbeitet wird. Daran mitzuwirken ist eine der Hauptaufgaben der Sozialen Arbeit. Es müssen sich noch mehr Einrichtungen mit diesem Thema auseinandersetzen, um professionelle Arbeit sicher zu stellen. Weiter ist eine Sensibilisierung bzgl. des Themas in der Gesellschaft wünschenswert und zählt zu den Aufgaben der Sozialen Arbeit. Soziale Arbeit hat hier eine Lobbyfunktion für ihr Klientel.

Bezüglich des Kinderwunsches sollte keiner Person allein aufgrund einer Behinderung davon abgeraten werden, ein Kind zu bekommen. Es sind immer im Einzelfall die vorhandenen Kompetenzen und Ressourcen zu betrachten. Die Gründe für ein Kind unterscheiden sich nicht bei Menschen ohne und mit Behinderung (siehe Punkt 5.3.). In beiden Fällen steht der Wunsch nach Zuwendung, nach einer Lebensbereicherung sowie der Wunsch nach Veränderung in ihrem Leben im Vordergrund (vgl. Pixa-Kettner/ Bargfrede 2015, S. 74). Bei Menschen mit einer geistigen Behinderung kommt lediglich der Wunsch nach Normalität und Selbständigkeit verstärkt hinzu (vgl. Pixa-Kettner/Bargfrede 2015, S. 74). Sollte letzteres der einzige Grund für einen Kinderwunsch darstellen, liegt hier die Aufgabe bei den Fachkräften der Sozialen Arbeit, einen Ausgleich zu finden. Es sollte versucht werden, dem Bedürfnis mit etwas anderen Maßnahmen und Mitteln zu entsprechen.

Wird ein Kinderwunsch von einer Klientin oder einem Klienten geäußert, sollte die Soziale Arbeit die Aufgabe übernehmen, den bestehenden Kinderwunsch mit ihnen zu besprechen. Aber auch mit den Angehörigen sollte das Thema erörtert werden. Alle Beteiligten sollen über die zukünftigen Pflichten und Aufgaben bei einer Elternschaft aufgeklärt werden. Hierfür kann das Angebot einer Sozialberatung und Fachberatung sehr hilfreich sein. Bei der Beratung von Menschen mit einer geistigen Behinderung sind jedoch zu den „normalen" grundlegenden Punkten einer Beratung weitere Punkte zu beachten (siehe Kapitel 7.2.). Haben sich die Personen für ein Kind entschieden oder besteht bereits eine Schwangerschaft, ist es mit Aufgabe der Sozialen Arbeit eine entsprechende Unterstützung zur Verfügung zu stellen. Diese Unterstützungen sollen sich immer an dem individuellen Hilfebedarf der Klienten orientieren. Kompetenzvermittlung, damit eine Elternschaft und die damit verbundenen Aufgaben geleistet werden können, spielt hierbei eine wichtige Rolle (vgl. Lenz/Riesberg/Rothenberg/Sprung 2010, S. 204).

Es lässt sich abschließend festhalten, dass über die letzten Jahren eine im Sinne der Menschen mit geistiger Behinderung positive Entwicklung zum Thema Kinderwunsch zu verzeichnen ist. Es existieren jedoch noch immer viele Vorurteile und Unterstützungslücken. Es gibt also weiter Entwicklungsbedarf.

In diesem Buch wurde der Fokus daraufgelegt, Vorurteile zu widerlegen, und für einen verantwortungsbewussten Umgang mit dem Thema Kinderwunsch und geistige Behinderung plädiert. Der Wunsch nach einem Kind sollte akzeptiert und respektiert werden. Menschen mit geistiger Behinderung sollen die Möglichkeit und den notwendigen Raum erhalten, ihre Wünsche zu äußern, wozu eine entsprechende Haltung der sie begleitenden Personen unabdingbar ist. Wenn mit den Ausführungen dazu ein Beitrag geleistet werden konnte, wäre ein weiteres Anliegen der Autoren erfüllt.

Literaturverzeichnis

Achilles, Ilse (2010): „Was macht ihr Sohn denn da?" Geistige Behinderung und Sexualität. 5. Auflage. München, Basel: Ernst Reinhard-Verlag

Ansen, Harald (2006): Soziale Beratung bei Armut. München: Ernst Reinhard-Verlag

Apemh (2016): Mein Körper, Freundschaft& Beziehungen, Sexualität. Bettange-sur-Mess: Eigenverlag

Bargfrede, Stefanie (2015): Unterstützungsmöglichkeiten für Eltern mit geistiger Behinderung in Deutschland. In: Pixa-Kettner, Ursula (Hrsg.): Tabu oder Normalität. Eltern mit geistiger Behinderung und ihre Kinder. 3. Aufl.. Heidelberg: Edition S, S. 283-300

Beauftragte der Bundesregierung für die Belange von Menschen mit Behinderung (2017): Die UN- Behindertenrechtskonvention. Übereinkommen über die Rechte von Menschen mit Behinderungen. Berlin: Haudruckerei BMAS

Belardi, Nando/ Akgün, Lale/ Gregor, Brigitte/ Pütz, Thomas/ Neef, Reinhold/ Sonnen, Fritz Rolf (2011): Beratung. Eine sozialpädagogische Einführung. 6. Auflage. Weinheim und München: Beltz- Juventa Verlag

BkiD- Beratungsnetzwerkes Kinderwunsch Deutschland (2006): Richtlinien „Psychosoziale Beratung bei unerfülltem Kinderwunsch" (PB- Richtlinien von BKiD). In: Kleinschmidt, Dorothee/ Thron, Petra/ Wischmann, Tewes (Hrsg.): Kinderwunsch und professionelle Beratung. Das Handbuch der Beratungsnetzwerkes Kinderwunsch Deutschland. Stuttgart: Kohlhammer- Verlag, S. 117- 122

Blandow, Rolf/ Knabe, Judith/ Ottersbach, Markus (Hrsg.) (2012): Die Zukunft der Gemeinwesenarbeit. Von der Revolte zur Steuerung und zurück? Wiesbaden: Springer-Verlag

BMFSFJ-Bundesministerium für Familie, Senioren, Frauen und Jugend (2014): Übereinkommen über die Rechte des Kindes. UN- Kinderrechtskonvention im Wortlaut mit Materialien. Berlin: Eigenverlag der BMFSFJ

BMFSFJ-Bundesministerium der Justiz und für Verbraucherschutz (2017f): Betreuungsgesetz. Mit ausführlichen Informationen zur Vorsorgevollmacht. Berlin; Bonifatius Druck: Eigenverlag des BMJV, Stand 09/2017

Freitag, Christine Margarete (2005): Medizinische Diagnostik zur Feststellung von Behinderungsursachen. In: Stahl, Burkhard/ Irblich, Dieter (Hrsg.): Diagnostik bei Menschen mit geistiger Behinderung. Ein interdisziplinäres Handbuch. Göttingen: Hogrefe Verlag, S. 329- 347

Galuske, Michael (2013): Methoden der Sozialen Arbeit, eine Einführung, 10. Auflage. Weinheim und Basel: Beltz- Juventa Verlag

Hennies, Irina/ Sasse, Martina (2004): Liebe, Partnerschaft, Ehe und Kinderwunsch bei Menschen mit geistiger Behinderung. In: Wüllenweber, Ernst (Hrsg.): Soziale Probleme von Menschen mit geistiger Behinderung. Fremdbestimmung, Benachteiligung, Ausgrenzung und soziale Abwertung. Stuttgart: Kohlhammer, S. 65-77

Hermes, Veronika (2017): Beratung und Therapie bei Erwachsenen mit geistiger Behinderung. Das Praxishandbuch mit systemisch- Ressourcen-orientiertem Hintergrund. Geltendorf: Hogrefe- Verlag

Herriger, Norbert (2014): Empowerment in der Sozialen Arbeit. 5.aktuallisierte und erw. Aufl. Stuttgart: Kohlhammer

Klauß, Theo (2008): 50 Jahre pädagogische Förderung und Begleitung von Menschen mit einer geistigen Behinderung. In: Geistige Behinderung. Vol 47, Heft 1, Lebenshilfe- Verlag, S. 26- 41

Krones, Tanja (2009): Aspekte der Präimplantationsdiagnostik. In: Bühl, Achim (Hrsg.): Auf dem Weg zur biomächtigen Gesellschaft? Chancen und Risiken der Gentechnik. 1. Auflage. Wiesbaden: Springer- Verlag, S. 137-240

Krumm, Silvia (2010): Biografie und Kinderwunsch bei Frauen mit schweren psychischen Erkrankungen: eine soziologische und sozialpsychiatrische Studie. Bonn: Psychiatrie-Verlag Gmbh

Krüger, Rolf (Hrsg.) (2011): Sozialberatung. Werkbuch für Studium und Berufspraxis. Lehrbuch. Wiesbaden: VS- Verlag

Langhorst, Kristine/Schwill, Meike (2011): Grundlagen. In: Krüger Rolf (Hrsg.): Sozialberatung. Werkbuch für Studium und Berufspraxis. Wiesbaden: VS- Verlag, S. 14- 82

Lüttringhaus, Maria (2007): Zusammenfassender Überblick. Leitstandards der Gemeinwesenarbeit. In: Hinte, Wolfgang/ Lüttringhaus, Maria/ Oelschlägel: Grundlagen und Standards der Gemeinwesenarbeit. Ein Reader zu Entwicklungslinien und Perspektiven. 2. aktualisierte Auflage. Weinheim und München: Juventa- Verlag

Lenz, Albert/ Riesberg, Ulla/ Rothenberg, Birgit/ Sprung, Christiane (2010): Familie leben trotz intellektueller Beeinträchtigung. Begleitete Elternschaft in der Praxis. Freiburg im Breisgau: Lambertus- Verlag

Metzler, Heidrun (2011): Behinderung. In: Otto, Hans- Uwe/ Thiersch, Hans (Hrsg.): Handbuch Soziale Arbeit, 4., völlig neu bearbeitete Auflage. München: Rheinhardt Verlag, S.101-108

Mürner, Christian/ Sierck, Udo (2012): Behinderung. Chronik eines Jahrhunderts. Weinheim und Basel: Beltz- Juventa Verlag

Neuer-Miebach, Therese (2013): Behindertenhilfe. In: Kreft, Dieter/ Mielenz, Ingrid (Hrsg.): Wörterbuch Soziale Arbeit. Aufgaben, Praxisfelder, Begriffe und Methoden der Sozialarbeit und Sozialpädagogik. 7., vollständig überarbeitete und aktualisierte Auflage. Weinheim und Basel: Beltz Juventa Verlag, S. 153-161

Nestmann, Frank/ Sickendiek, Ursel (2011): Beratung. In: Otto, Hans- Uwe/ Thiersch, Hans (Hg.): Handbuch. Soziale Arbeit. 4., völlig neu bearbeitete Auflage. München: Reinhardt- Verlag, S. 109- 119

Neuhäuser, Gerhard/ Steinhausen, Hans- Christoph (Hg.)(2003): Geistige Behinderung. Grundlagen, klinische Syndrome. 3. überarbeitete und erweiterte Auflage. Stuttgart: Kohlhammer- Verlag

Ortland, Barbara (2008): Behinderung und Sexualität. Grundlagen einer behinderungsspezifischen Sexualpädagogik. Stuttgart: Kohlhammer- Verlag

Pixa-Kettner, Ursula (1996): „Dann waren sie sauer auf mich, daß ich das Kind haben wollte…". Eine Untersuchung zur Lebenssituation geistig behinderter Menschen mit Kindern in der BRD. Band 75, Schriftreihe des Bundesministeriums für Gesundheit. Bonn: Nomos Verlag

Pixa-Kettner, Ursula (2007): Elternschaften von Menschen mit geistiger Behinderung in Deutschland: Ergebnisse einer zweiten bundesweiten Fragebogenerhebung. In: Geistige Behinderung, Jg. 46, 2007, Nr. 4, S. 309-321 : Tab., Lit. 2007

Pixa-Kettner, Ursula /Sauer, Bernhard (2015): Elterliche Kompetenzen und die Feststellung von Unterstützungsbedürfnissen in Familien mit geistig behinderten Eltern. In: Pixa-Kettner, Ursula (Hrsg.): Tabu oder Normalität. Eltern mit geistiger Behinderung und ihre Kinder. 3. Aufl.. Heidelberg: Edition S, S. 219 - 252

Pixa-Kettner, Ursula/ Bargfrede, Stefanie (2015): Kinderwunsch von Menschen mit geistiger Behinderung. In: Pixa-Kettner, Ursula (Hrsg.): Tabu oder Normalität. Eltern mit geistiger Behinderung und ihre Kinder. 3. Aufl.. Heidelberg: Edition S, S.73- 86

Rohmann, Kadidja (2014): Besondere Familien- Welche Unterstützung brauchen Eltern mit Lernschwierigkeiten und ihre Kinder? In: Teilhabe. Fachzeitschrift der Lebenshilfe, Lebenshilfe-Verlag, 03/2014 JG 53, S. 121-127

Sander, Klaus (2003): Allgemeine Definitionen von Beratung. In: GWG- Gesellschaft für Personenzentrierte Psychotherapie und Beratung e.V.: Beratung, erschienen 01/2003, Köln: GwG- Verlag, S.11- 14

Selikowitz, Mark (1992): Down-Syndrom. Krankheitsbild- Ursache- Behandlung. Heidelberg; Springer- Verlag

Sickendiek, Ursel/ Engel, Frank/ Nestmann, Frank (1999): Beratung. Eine Einführung in sozialpädagogische und psychosoziale Beratungsansätze. Grundlagentexte Soziale Berufe. Weinheim und München: Juventa Verlag

Tariverdian, Gholmali/ Buselmaier, Werner (1999): Humangenetik. 2. Auflage. Berlin, New York, Barcelona, Hongkong, London, Mailand, Paris, Singapur, Tokio: Springer-Verlag

Theunissen, George (2008): Geistige Behinderung und Lernbehinderung. Zwei inzwischen umstrittene Begriffe in der Diskussion. In: Fachzeitschrift der Bundesvereinigung Lebenshilfe für Menschen mit geistiger Behinderung e.V.: Geistige Behinderung. 02/08, 47. Jahrgang, April 2008, Lebenshilfe e.V., S. 127- 136

Theunissen, George (2007): Beratung. In: Theunissen, George/ Kulig, Wolfram/ Schirbort, Kerstin (Hrsg.): Handlexikon Geistige Behinderung. Schlüsselbegriffe aus der Heil- und Sonderpädagogik, Sozialen Arbeit, Medizin, Psychologie, Soziologie und Sozialpolitik. 2., überarbeitet und erweiterte Auflage. Stuttgart: Kohlhammer- Verlag, S. 53-55

Theunissen, George/ Plaute, Wolfgang (2002): Handbuch Empowerment und Heilpädagogik. Freiburg: Lambertus Verlag

Theunissen, Georg (2013): Empowerment und Inklusion behinderter Menschen, eine Einführung in Heilpädagogik und Soziale Arbeit, 3. aktualisierte Auflage. Freiburg im Breisgau: Lambertus Verlag

Vinandy, Nadine (2016): Wie entstand diese Mappe? In: Apemh: Mein Körper, Freundschaft& Beziehungen, Sexualität. Bettange-sur- Mess: Eigenverlag, S. 6- 10

Vlasak, Annette (2015): Rechtliche Fragen im Zusammenhang der Elternschaft. In: Pixa-Kettner, Ursula (Hrsg.): Tabu oder Normalität? Eltern mit geistiger Behinderung und ihre Kinder. 3. Auflage. Heidelberg: Winter- Verlag, S. 91- 126

Vanja, Christina; Haas, Steffen; Deutschle, Gabriela; Eirund, Wolfgang; Sandner, Peter (Hg.) (1999): Wissen und Irren – Psychiatriegeschichte aus zwei Jahrhunderten – Eberbach und Eichberg. 2. Aufl. Kassel: Eigenverlag LWV Hessen

Wendt, Wolf Rainer (2011): Care und Case Management. In: Otto, Hans- Uwe/ Thiersch, Hans (Hrsg.): Handbuch. Soziale Arbeit. 4., völlig neu bearbeitete Auflage. München; Reinhardt- Verlag, S. 214- 220

Wimmer, Adelheid/ Wimmer, Josef/ Buchacher, Walter/ Kamp, Gerhard (2012): Das Beratungsgespräch. Skills und Tools für die Fachberatung. 1. Auflage. Wien: Linde-Verlag-Wien

Quellenverzeichnis

Arnade, Sigrid (2010): Von der Fremdbestimmung zur Selbstbestimmung. Die UN-Behindertenrechtskonvention und die sexuelle Selbstbestimmung behinderter Menschen. In: BZgA FORUM Sexualaufklärung und Familienplanung: Sexualität und Behinderung, Als pdf- Datei, 52 Seiten. 1/2010, S. 9-12
[URL: https://www.sexualaufklaerung.de/cgi-sub/fetch.php?id=656-] (Stand: 5.1.2018)
Bundesministerium für Arbeit und Soziales (2011): Übereinkommen der Vereinten Nationen über die Rechte von Menschen mit Behinderungen. Erster Staatenbericht der Bundesrepublik Deutschland. Pdf- Datei, 84 Seiten. Bonn
[URL:https://www.bmas.de/SharedDocs/Downloads/DE/staatenbericht-2011.pdf?__blob=publicationFile] (Stand: 23.12.2017)
BMJV- Bundesministerium der Justiz und für Verbraucherschutz (2017): Das Kindschaftsrecht, Fragen und Antworten zum Abstammungsrecht, zum Recht der elterlichen Sorge, zum Umgangsrecht, zum Namensrecht, zum Kindesunterhaltsrecht und zum gerichtlichen Verfahren. Pdf- Datei, 46 Seiten. Berlin, Druck- und Verlagshaus Zarbock GmbH & Co. KG [URL: http://www.bmjv.de/SharedDocs/Publikationen/DE/Kindschaftsrecht.pdf?__blob=publicationFile&v=16-] (Stand:14.11.2017)
BMJV-Bundesministerium der Justiz und für Verbraucherschutz (2017b): Grundgesetz für die Bundesrepublik Deutschland, Berlin [URL: https://www.gesetze-im-internet.de/gg/art_6.html (Stand: 24.12.2017]
BMJV-Bundesministerium der Justiz und für Verbraucherschutz (2017c): Gesetze im Internet. Bundessozialhilfegesetz, Berlin
[URL: https://www.gesetze-im-internet.de/bshg_47v/BJNR003390964.html- (Stand:7.10.2017)
BMJV-Bundesministerium der Justiz und für Verbraucherschutz (2017d): Gesetze im Internet. Sozialhilfegesetz Neuntes Buch. Berlin
[URL: https://www.gesetze-im-internet.de/sgb_9_2018/__2.html-] l (Stand: 15.11.2017)
BMJV-Bundesministerium der Justiz und für Verbraucherschutz (2017e): Gesetze im Internet. Bürgerliches Gesetzbuch. Berlin
[URL: https://www.gesetze-im-internet.de/bgb/index.html-] (Stand: 16.11.2017)
Boeree, C. George (2006): Persönlichkeitstheorie, Erik Erikson [1902-1994]. Originaltitel: Personality Theories. Copyright 1997, 2006 C. George Boeree. Shippensburg University, USA. Deutsche Übersetzung: D. Wieder M.A.. Online im Internet. pdf- Datei, 20 Seiten
[URL: http://www.social-psychology.de/do/PT_erikson.pdf] (Stand: 15.12.2017)
Cornlesen (2011): Lebensspanne. In: Heilerziehungspflege. Heilerziehungspflege in besonderen Lebenslagen gestalten. Band 2. Online verfügbar. Pdf- Datei, 6 Seiten [URL:http://www.cornelsen.de/bgd/97/83/06/45/03/04/5/9783064503045_x1SE_096_101.pdf] (Stand: 1.1.2018)

Dahm, Sabine/ Kestel, Oliver (2012): Juristische Aspekte der sexuellen Selbstbestimmung von Menschen mit (geistiger) Behinderung im Hinblick auf sexualpädagogische Begleitung sowie die Elternschaft von Menschen mit (geistiger) Behinderung. Pdf- Datei, 11 Seiten Hildesheim
[URL: https://www.profamilia.de/fileadmin/landesverband/lv_hessen/Kestel_Dahm_Juristische_Aspekte_der_sexuellen_Selbstbestimmung_Pro_Familia_23_09_2012.pdf-] (Stand: 16.11.17)

DBSH- Deutscher Berufsverband für Soziale Arbeit e.V. (2002): Qualitätsbeschreibung Sozialprofessionelle Beratung. Halle, Online im Internet. Pdf- Datei, 11 Seiten
[URL: https://www.dbsh.de/fileadmin/downloads/QualitätsbeschreibungSozialprofessionelleBeratung.pdf-] (Stand: 23.12.2017)

Deutscher Ethikrat (Hrsg.)(2011): Präimplantationsdiagnostik. Stellungnahme. Pdf-Datei, 173 Seiten. Berlin 2011
[URL: http://www.ethikrat.org/dateien/pdf/stellungnahme-praeimplantationsdiagnostik.pdf] (Stand: 01.11.2017)

DBSH- Deutscher Berufsverband für Soziale Arbeit e.V. (2017): Deutsche Fassung. Abgestimmte deutsche Übersetzung des DBSH mit dem Fachbereichstag Soziale Arbeit. Präambel zur deutschsprachigen Definition Sozialer Arbeit. Online im Internet
[URL:https://www.dbsh.de/beruf/definition-der-sozialen-arbeit/deutsche-fassung.html] (Stand: 2.1.2018)

Deutsches Rotes Kreuz (2002): Fachberatung für DRK- Kinder- Tageseinrichtungen. Stellungnahme. Online im Internet. Pdf- Datei, 14 Seiten. Berlin; Eigen- Verlag
[URL: http://drk-wohlfahrt.de/uploads/tx_ffpublication/DRK_Positionspapier_Fachberatung_2002_13.pdf-] (Stand: 3.1.2018]

Franke, Alexa (2017/ 2012): Modelle von Gesundheit und Krankheit. 3., überarb. Aufl. Bern: Huber

Graumann, Sigrid (2013): Fallkommentar- Elternschaft und Selbstbestimmung. In: Ethik Journal 1 Jg., 2. Ausgabe 2013, Online Ausgabe. Pdf- Datei, 7 Seiten
[URL: http://www.ethikjournal.de/fileadmin/user_upload/ethikjournal/Texte_Ausgabe_2_10-2013/Graumann_Fallkommentar_Kindeswohl_EthikJournal_1_2013_2.doc.pdf]
(Stand:7.12.2017)

Hensle, Ulrich; Vernooij, Monika (2002): Einführung in die Arbeit mit behinderten Menschen. 7., korrigierte Aufl. Wiebelsheim: Quelle und Meyer.

imh plus: Behinderungsdefinition WHO, Heidelberg o. J.
[URL:http://www.imhplus.de/index.php?option=com_content&view=article&id=11%3Abehinderungsdefinition-who&catid=17%3AEntwurf&Itemid=181&lang=de] (Stand: 23.10.2017)

Jegen, Barbara (2014): Eigentlich wollte ich Mutter werden. Kinderwunsch und Elternschaft von Menschen mit einer geistigen Behinderung. Elternschaft als Möglichkeit oder Zeit um Abschied zu nehmen? Höhere Fachschule für Sozialpädagogik Luzern. Pdf- Datei, 81 Seiten. Diplomarbeit: Eigen-Verlag
[URL: http://insieme.ch/wp-content/uploads/2010/02/Diplomarbeit_Barbara_Jegen_2014.pdf] (Stand:17.12.17)

Kinderschutz- Zentrum Berlin (2009): Kindeswohlgefährdung, Erkennen und Helfen. 11. Überarbeitete Auflage (470-490 Tausend). Pdf- Datei, 198 Seiten. Berlin, Buch- und Offsetdruckerei H.Heenemann GmbH & Co. KG
[URL: https://www.kinderschutz-zentrum-berlin.de/download/Kindeswohlgefaehrdung_Aufl11b.pdf] (Stand: 15.11.2017)

Kindler, Heinz (2006a): Was ist bei der Einschätzung der Erziehungsfähigkeit von Eltern zu beachten? In: Kindler, Heinz/Lillig, Susanne/Blüml, Herbert/Meysen, Thomas/ Werner, Annegret (Hrsg.): Handbuch Kindeswohlgefährdung nach § 1666 BGB und Allgemeiner Sozialer Dienst (ASD). München: Deutsches Jugendinstitut. PDF- Dateien, S. 62/1 – 62/6
[URL: https://www.dresden.de/media/pdf/jugend/jugend-kinderschutz/asd_handbuch_gesamt.pdf] (Stand: 3.1.2018)

Kindler, Heinz (2006): Was ist über den Zusammenhang zwischen intellektuellen Einschränkungen der Eltern und der Entwicklung der Kinder bekannt? In: Kindler, Heinz/Lillig, Susanne/Blüml, Herbert/Meysen, Thomas/Werner, Annegret (Hrsg.): Handbuch Kindeswohlgefährdung nach § 1666 BGB und Allgemeiner Sozialer Dienst (ASD). München: Deutsches Jugendinstitut. PDF- Dateien, S. S. 32/1 – 32/9.
[URL: https://www.dresden.de/media/pdf/jugend/jugend-kinderschutz/asd_handbuch_gesamt.pdf] (Stand: 3.1.2018)

Schmid, Ivonne (2003): Zum Einfluss spielorientierter Bewegungsangebote auf die Motorik erwachsener Menschen mit geistigen Behinderungen und ihr Beitrag zur Förderung von Alltagskompetenzen. PDf- Datei, 304 Seiten. Halle- Wittenberg, Dissertation
[URL: https://sundoc.bibliothek.uni-halle.de/diss-online/03/03H109/prom.pdf](Stand: 7.10.2017)

Suchanek, Andreas/ Lin-Hi, Nick (2017): Ethik. In: Springer Gabler Verlag (Herausgeber), Gabler Wirtschaftslexikon, Stichwort: Ethik, online im Internet:
[URL: http://wirtschaftslexikon.gabler.de/Archiv/2794/ethik-v9.html] (Stand: 6.12.2017)

Specht, Ralf (2010): Sexualität als Recht auch für Menschen mit Behinderung. In: BZgA FORUM Sexualaufklärung und Familienplanung: Sexualität und Behinderung. Als pdf- Datei, 52 Seiten 1/2010, S. 3-9
[URL: https://www.sexualaufklaerung.de/cgi-sub/fetch.php?id=656-] (Stand: 5.1.2018)

Obermann, Sabine/ Thöne, Petra (2010): Ethische Aspekte der Elternschaft von Menschen mit geistiger Behinderung. In: Gudrun Dobslaw/ Stefan Meir (Hrsg.): Kinderwunsch und Elternschaft von Menschen mit geistiger Behinderung. Dokumentation der Arbeitstagung der DGSGB am 4.12.2009 in Kassel. Material der DGSGB. Band 22, Pdf- Datei. 59 Seiten. Berlin; Eigenverlag der DGDGB Berlin
[URL: http://dgsgb.de/volumes/978-3-938931-23-3/978-3-938931-23-3.pdf-] (Stand: 6.1.2018)

Pixa-Kettner, Ursula (2010): Zur Normalität der Elternschaft von Menschen mit Lernschwierigkeiten. In: Dobslaw, Gudrun/ Meir, Stefan (Hrsg.): Kinderwunsch und Elternschaft von Menschen mit geistiger Behinderung. Dokumentation der Arbeitstagung der DGSGB am 4.12.2009 in Kassel. Materialien der DGSGB Band 22. Pdf- Datei. 59 Seiten. Berlin: Eigenverlag der DGSGB, 4-17
[URL: http://dgsgb.de/volumes/978-3-938931-23-3/978-3-938931-23-3.pdf-] (Stand:31.12. 2017)

Pixa-Kettner, Ursula/ Rohmann, Kadidja (2012): Besondere Familien- Welche Unterstützung brauchen Eltern mit Lernschwierigkeiten und ihre Kinder?. Forschungsbericht. Bremen, Online im Internet. Pdf- Datei, 102 Seiten

[URL: http://www.behinderte-eltern.de/pdf/Forschungsprojekt.pdf-] (Stand:1.1.2018)

Pro Familia (1998): Sexualität und geistige Behinderung. Frankfurt am Main: Eigenverlag, Online im Internet. Pdf- Datei, 32 Seiten

[URL:http://www.myhandicap.ch/community/forum/forum-action/attachment/?tx_mmforum_pi1%5Battachment%5D=1264] (Stand: 3.1.2018)

Urwald, Nadia (3.1.2018): Email zur Auskunft über die Beratungsstelle Centre Ressources Parentalité der Apmeh. Auf eigene Anfrage vom 19.12.2017

WHO- Weltgesundheitsorganisation- Regionalbüro für Europa (2017): Definition des Begriffs „geistige Behinderung". Kopenhagen

[URL: http://www.euro.who.int/de/health-topics/noncommunicable-diseases/mental-health/news/news/2010/15/childrens-right-to-family-life/definition-intellectual-disability-] (Stand: 7.10.2017)

Printed in Poland
by Amazon Fulfillment
Poland Sp. z o.o., Wrocław